AQA / NELSON
SKILLS FOR GCSE

¿HABLAMOS?

RON WALLACE

Nelson

Nelson Thornes
Delta Place
27 Bath Road
Cheltenham
Glos. GL53 7TH
United Kingdom

First published by Nelson Thornes 2001
ISBN 0-17-440255-4
9 8 7 6 5 4 3 2 1
05 04 03 02 01

Commissioning and development by Mo Smyth-Clark and
Keith Faulkner
Editorial by Keith Faulkner
Production by Martina Chamberlain
Illustrations by David Lock
Cover design by Liam Riordan
Design and layout by Keith Faulkner and
Viners Wood Associates

Printed in Italy by Stige

Acknowledgements
The whole Wallace family for their patience
Hazelwick School Spanish department for their support
Barry Bridges for his helpful comments

The author and publisher would like to thank Graham
George, Subject Officer at AQA (NEAB) for his help with
this title; Carmen Ridao for her comments on the language
and conformity with the examination process; Helena
González Florido for native-speaker checking of the text

Contents

The AQA (NEAB) Speaking Test

The whole speaking test is made up of 2 role-play situations, an oral presentation (one and a half minutes), further discussion about the presentation (one and a half minutes), followed by general conversation covering at least 2 different topics and lasting 3 - 4 minutes (Foundation Tier) or 5 - 7 minutes (Higher Tier). Altogether this makes up 25% of the final mark.

The purpose of this book

This book aims to improve your role-play skills in Spanish.

- It provides lists of key vocabulary and phrases for role-play situations, arranged by topic and tier.
- It teaches and develops important language structures, including the most common verbs, and identifies some common mistakes.
- It adds a touch of humour to the learning process by presenting some of the key phrases in the form of cartoons that can be acted out in class.
- It offers a series of useful Exam Tips that summarise the advice given on each practice page and that can be used for last-minute revision.
- It supplies reference material with supporting practice activities on pages 6, 7 and 76, as well as a glossary of some of the essential words on pages 77 - 80.
- It includes easier and more difficult comprehension, vocabulary and speaking activities that can be used for individual, pair or group work.
- It complements your course book by highlighting exam skills and techniques.
- It incorporates some grammar advice when appropriate; all sections are self-contained - they can be used in any order.
- It gives model answers for all the activities and role-plays on pages 74 and 75, but some of the Higher Tier and open-ended tasks will require comments from teachers.
- It contains 38 original and typical practice role-plays. There are also 21 past Spanish AQA (NEAB) role-plays on pages 68 - 73.

What is a Spanish role-play?

A Spanish role-play is a guided conversation between two people, you (the candidate) and your Spanish teacher (the examiner). In the conversation you both have to imagine that you are in a Spanish-speaking environment. The introduction to each role-play sets the scene for you, and gives you important information you may need to help you play your role.

In all cases you should assume that your teacher is playing the role of a Spanish-speaking person who understands and speaks no English. Very often this person is described as 'your Spanish friend', but it could just as easily be a stranger or someone you need to deal with only briefly (a shop assistant or a hotel receptionist, for example).

The conversation is guided for you and the examiner and it is important for both people to stick to the role. Your teacher will prepare what to say in advance of the test, and you will be given 10 minutes (Foundation Tier) or 13 minutes (Higher Tier) to prepare two role-play cards. Each card contains four tasks. At Foundation Tier each task is worth 2 marks, at Foundation/Higher Tier each task is worth 3 marks, and at Higher Tier each task is worth 4 marks. This reflects the increasing level of difficulty.

Your teacher will always introduce the situation in Spanish and speak first. Then it's your turn to carry out your first task. Speak clearly and when you have finished allow your teacher to say something else before you say your second task. Continue like this until the end of the role-play when your teacher will bring it to a close.

Mastering the key phrases

Most of the phrases included in this book are ones that you, the candidate, will need to use. These should form part of your 'active' vocabulary. There are other phrases, however, that you will only need to understand. These should form part of your 'passive' vocabulary.

For example, in a role-play that takes place in a shop in Spain, you would always be the 'customer', and your teacher would always be the 'assistant'. So you might have to 'ask for what you want', 'say you like it or don't like it', and 'ask how much it costs', but the assistant (your teacher) might 'ask what colour and size you want', 'say there are none left' and 'ask what else you would like and why'.

In each section of the vocabulary lists there is at least one phrase or question that would only be used by the examiner. Being able to understand these is an important part of being able to do a role-play, specially for the unprepared tasks at Higher Tier.

You can use many techniques to learn vocabulary. Reading through lists of phrases and hoping they will stay in your memory is one of the least successful ways of remembering them. You need to adopt a more active approach. Here are some suggestions:

- Write them down in your own special vocabulary note book. Arrange them in groups according to how important you think they are, or how difficult they are to learn. Use colour codes to tick, cross, underline, or highlight them as you keep on learning and revising them.
- Use a plain piece of paper or card to cover up one side of the vocabulary list. Read the phrases one by one on the other side and move the paper or card down as you go.
- Say them out loud or record them. Let your teacher check your pronunciation then record them again. Listen to them from time to time to refresh your memory.
- Cut up a sheet of paper or card into small pieces. Write a Spanish phrase on one side in one colour, and its English meaning on the other side in another colour. Spread them out in front of you with the same colour face up. As soon as you can give the correct meaning of the phrase, you can turn it the other way up. When you've finished, do it the other way round! If you start with the Spanish phrases up first, you will improve your passive vocabulary. If you start with the English phrases up first, you will improve your active vocabulary. You can also do this activity with a friend.
- Write out the phrases in two halves on separate pieces of paper or card. Shuffle them round in front of you and see how long it takes to match them up correctly - without looking at the original text, of course!
- Draw diagrams to represent groups of words and phrases you want to learn. This can be very helpful if you have a good visual memory. Here is an example of phrases that say where you went. There are 8 of them, all in alphabetical order, and they alternate between masculine and feminine words - another useful thing to learn and remember.

- Learn words and phrases by association. Link them to a single word that you'll always remember. This will help to jog your memory when you need the words later on. Here is an example with phrases you might need in a cafe, all based round the word *cafetería*:

¡Oiga **c**amarero!
Tengo h**a**mbre.
El menú, por **f**avor.
¿Tiene ust**e**d hamburguesas?
Me gus**t**an con queso.
¡Tengo s**e**d también!
Quisie**r**a una limonada.
Muy fr**í**a y con hielo.
En tot**a**l, ¿cuánto es?

- If you travel to and from home by bus or car, set yourself a small task of revising methods of transport and opinions, e.g.:
Me gusta viajar en ..... porque .....
On the way home from an after-school sports activity, practise some sports phrases:
Practico el **a**tletismo ... juego al **b**aloncesto ... me gusta el **c**iclismo ... me encantan los **d**eportes de invierno ... hago **e**quitación ... odio el **f**ooting ...
See how far you can get in the alphabet. Make it a competition with a friend!

Set yourself realistic targets

It is always a good idea to start your preparations well in advance. Very few people are able to do well by leaving everything to the last minute. Remember your GCSE Spanish course is designed to last two years, or in some cases, one year. As you continue to learn new material you will also learn about exam techniques, and the sooner you get into good learning habits the better your chances of success will be. Vocabulary and key phrases need to be built up over time, so try to work at it little by little.

- Aim to learn a few phrases very well rather than lots of phrases fairly well.
- Keep revising ones you have learnt before. Some phrases stay in your memory for only a short time, but the more often you revise them, the more likely they are to stay in your memory.
- Each section of vocabulary is arranged into 3 groups of 7 phrases. Start by learning one group at a time, then build up to more if you can. Eventually you could, for example, be learning 7 new phrases, revising 7 others for the first time, and revising a further 7 for the second time.
- Limit your active learning to between 10 and 20 minutes at any one time. Set yourself a specific target in terms of number of words you want to study, then reward yourself at the end of your time limit by doing something different that you enjoy. Before your study session is finally over read through all the phrases once more to refresh your memory again.
- Keep a personal record of your progress and note down your successes and problems as you go along. Perhaps there are certain places and times where and when you find it easier to learn than others, or perhaps you find it helpful to learn in complete silence and without distractions.

How to work on your own

This book will help you to prepare for your role-plays if you work through the activities on your own. Use the vocabulary lists to learn key phrases. Work through the practice exercises, writing down your answers rather than speaking them. You can check some of them at the back of the book, or show them to your teacher. You can also write out each of the role-play tasks. Imagine that you are in the preparation room just before your exam, and limit yourself to 4 - 5 minutes (Foundation Tier), 5 - 6 minutes (Foundation/Higher Tier) or 6 - 7 minutes (Higher Tier). You can also work on the cartoon dialogues on your own. Cover the lower half of each row of pictures as you try to learn the answers to the questions:

or cover the upper half of each row of pictures as you try to learn the questions:

How to work with a friend

It can be helpful to both you and your friend if you work together. You can give support to, and test, each other when learning the key phrases. You can have friendly competitions based on the phrases (e.g. by taking it in turns to mention a different part of the body that hurts, and seeing who runs out of words first:
me duele la cabeza ... me duelen los ojos ...
You can act out the cartoon dialogues, swapping roles once you know the lines for one of the characters. Also you can simulate the exam situation, one person playing the role of the examiner, and the other playing the part of the candidate.

How to work in class

Your teacher will suggest different ways of using this book. Part of a lesson might be reserved for role-play practice on a regular basis, or a lesson might be split up into different skill activities, of which role-play practice might be just one of the tasks to complete. Alternatively, the class might be divided into groups and asked to present role-play dialogues to the rest of the class. If it's not possible to do the activities orally, in many cases they can be done in writing, which can be just as helpful.

Drama opportunities

The cartoon dialogues can be acted out in pairs or small groups. This can add an element of fun to learning the key phrases. As an alternative to the situation as depicted, try playing the roles in the style of characters of your own choosing such as film stars, TV personalities, cartoon characters or well-known public figures. Ask others in the group to guess who you are! Suitable props and a bit of improvisation in the classroom can add a realistic effect. In some cases different vocabulary can be used to increase the variety. Ideally, the roles should be learnt off by heart and presented to the rest of the class, and they could perhaps vote on which was the best acted, best pronounced, and most original. They could also be recorded on cassette, computer or video and analysed later to improve pronunciation and intonation.

Exam tips

The book is full of useful exam tips that will help you to be successful in the role-plays. Hopefully they will also enable you to improve your other skills in Spanish. Thorough preparation and learning are the real keys to success, and this book should make the process as enjoyable as possible.

¡Buena suerte!

Question words

Here is a list of question words you will need in the role-play situations. Learn their meanings thoroughly and study the examples carefully before doing the exercise at the foot of the page. Work with a friend and test each other from Spanish into English or from English into Spanish.

¿Qué? What?

¿Qué quieres hacer?	What do you want to do?
¿Qué tipo de música te gusta?	What type of music do you like?
¿Qué haces en tu tiempo libre?	What do you do in your free time?

¿Cómo? How?

¿Cómo vas al instituto?	How do you go to school?
¿Cómo prefieres viajar?	How do you prefer to travel?
¿Cómo están tus padres?	How are your parents?

¿Cómo? What ... like?

¿Cómo es tu instituto?	What's your school like?
¿Cómo son tus profesores?	What are your teachers like?
¿Cómo sería tu casa ideal?	What would your ideal house be like?

¿Cómo? What ... name?

¿Cómo te llamas?	What's your name?
¿Cómo se llama tu mejor amigo?	What's your best friend called?
¿Cómo se llaman tus perros?	What do you call your dogs?

¿Qué tal ... ? How is/are ... ?

¿Qué tal tus estudios?	How are your studies going?
¿Qué tal (fue) el viaje?	How was the journey?
¿Qué tal la comida en el hotel?	What's the food like in the hotel?

¿Dónde? Where?

¿Dónde vives?	Where do you live?
¿Dónde está la discoteca?	Where is the disco?
¿Dónde se venden mapas?	Where do they sell maps?

¿Adónde? Where ... to?

¿Adónde va este tren?	Where is this train going?
¿Adónde fuiste de vacaciones?	Where did you go on holiday?
¿Adónde te gustaría ir?	Where would you like to go?

¿De dónde? Where ... from?

¿De dónde eres?	Where do you come from?
¿De dónde viene el tren?	Where does the train come from?
¿De dónde salió el ladrón?	Where did the thief come out of?

¿Cuándo? When?

¿Cuándo es la fiesta?	When's the party?
¿Cuándo vienes a visitarme?	When are you coming to visit me?
¿Cuándo es tu cumpleaños?	When's your birthday?

¿A qué hora? What time ...?

¿A qué hora empieza la película?	What time does the film start?
¿A qué hora nos vemos?	What time shall we meet?
¿A qué hora llega el avión?	What time does the plane arrive?

¿Cuánto?/¿Cuántos? How much/many?

¿Cuánto cuesta el billete?	How much is the ticket?
¿Cuánto tiempo dura el viaje?	How long does the journey last?
¿Cuántos primos tienes?	How many cousins have you got?

¿Quién? Who?

¿Quién es tu profesor de español?	Who's your Spanish teacher?
¿De parte de quién, por favor?	Who's calling, please?
¿Con quién juegas al fútbol?	Who do you play football with?

¿Por qué? Why?

¿Por qué prefieres la música pop?	Why do you prefer pop music?
¿Por qué no te gusta la geografía?	Why don't you like geography?
¿Por qué fuiste al centro?	Why did you go into town?

¿Cuál? Which (one) (of a choice)?

¿Cuál es tu asignatura favorita?	Which is your favourite subject?
¿Cuál prefieres, el té o el café?	Which do you prefer, tea or coffee?
¿Cuál es tu número de teléfono?	What's your telephone number?

Exam Tip
Ask the right question!

One task in each Foundation role-play usually involves asking a question, so make sure you use the right question word! One task in each Higher role-play involves answering an unprepared question, so listen out carefully for the question word. For example:

- **¿Donde ...?** means your answer will mention a place
- **¿A qué hora ...?** means your answer will mention a time
- **¿Cuánto ...?** means your answer will mention a number
- **¿Quién ...?** means your answer will mention a person

Arreglos para salir

Ask your friend:

- **where** the sports centre is
- **which** is the most popular sport there
- **when** you are going to go there
- **how** you're going to get there
- **what time** you're going to meet
- **who** is going with you
- **what** you have to wear
- **how much** an entry ticket costs
- **why** you need soap and a towel
- **where** you're going to go afterwards

Give the correct word to complete the question:

¿ .... (**1**) .... está el polideportivo?

¿ .... (**2**) .... es el deporte más popular allí?

¿ .... (**3**) .... vamos a ir allí?

¿ .... (**4**) .... vamos a viajar allí?

¿ .... (**5**) .... nos vemos?

¿ .... (**6**) .... nos acompaña?

¿ .... (**7**) .... tengo que llevar?

¿ .... (**8**) .... cuesta una entrada?

¿ .... (**9**) .... necesito jabón y una toalla?

¿ .... (**10**) .... vamos a ir después?

 Now choose a suitable answer for each of the questions :

a 400 pesetas; **b** a las diez; **c** en el centro; **d** para las duchas; **e** en autobús; **f** el baloncesto; **g** al cine; **h** mi hermano; **i** un chandal; **j** el sábado.

Key phrases

Here is a list of key English verbs and phrases you will find in the role-play situations. Study the Spanish versions carefully. They may not all be what you expect, and they show that word-for-word translations don't always lead to the correct Spanish. Make sure you know them well because they're bound to come up in the exam!

Have / have to   Tener/tener que

I have a brother.	Tengo un hermano.
I haven't any money.	No tengo dinero.
Have you got a pet at home?	¿Tienes animal en casa?
Have you anything cheaper?	¿Tiene usted algo más barato?
I only have a 1000 peseta note.	Sólo tengo un billete de mil pesetas.
I have to go to the shops.	Tengo que ir a las tiendas.

Want / would like   Querer

I want an ice-cream.	Quiero un helado.
I would like a sandwich.	Quisiera un bocadillo.
I don't want to visit the museum.	No quiero visitar el museo.
Do you want to watch television?	¿Quieres ver la televisión?
Do you want more potatoes?	¿Quiere usted más patatas?
Give me a kilo of apples.	Deme un kilo de manzanas.
I need a towel.	Me hace falta una toalla.

Like / don't like   Gustar

I like Spanish.	Me gusta el español.
I don't like peas.	No me gustan los guisantes.
Do you like Spanish omelette?	¿Te gusta la tortilla española?
I love travelling.	Me encanta viajar.
I prefer playing football.	Prefiero jugar al fútbol.
I hate fish.	Odio el pescado.
I would like to visit Spain.	Me gustaría visitar España.

Can / may   Poder

Can I go to the disco?	¿Puedo ir a la discoteca?
Can you help me?	¿Puedes ayudarme?
Can you come back tomorrow?	¿Puede usted volver mañana?
Can you buy postcards here.	¿Se puede comprar postales aquí?
You can't swim in the river.	No se puede nadar en el río.

Is / are   Ser, estar, haber

The film is great.	La película es fenomenal.
The cinema is opposite the bank.	El cine está enfrente del banco.
The tickets are cheap.	Las entradas son baratas.
The doors are open.	Las puertas están abiertas.
Is there a discount for young people?	¿Hay un descuento para jóvenes?
There are no intervals.	No hay intermedios.

Am / I'm   Ser, estar

I'm a student.	Soy estudiante.
I'm tired.	Estoy cansado.
I'm fifteen years old.	Tengo quince años.
I'm hungry and thirsty.	Tengo hambre y sed.
I'm on holiday.	Estoy de vacaciones.
I'm going to the beach tomorrow.	Voy a la playa mañana.
I'm listening to the radio.	Estoy escuchando la radio.

Do / did / make / made   Hacer

I do my homework in my bedroom.	Hago los deberes en mi dormitorio.
I make my bed every day.	Hago la cama todos los días.
What do you do at the weekend?	¿Qué haces los fines de semana?
What did you do last Saturday?	¿Qué hiciste sábado pasado?
I did the shopping.	Hice la compra.
What will you do next September?	¿Qué harás el septiembre que viene?
I'll do a course in ICT.	Haré un curso en informática.

Go / went   Ir

I go the the beach in the summer.	Voy a la playa en el verano.
Do you often go to the park?	¿Vas mucho al parque?
Why don't we go to the cinema?	¿Por qué no vamos al cine?
I usually go out at the weekend.	Normalmente salgo los fines de semana.
I go swimming with my friends.	Hago natación con mis amigos.
I went to a concert in April.	Fui a un concierto en abril.
I went camping last summer.	Hice camping el verano pasado.

E x a m   T i p
Check out the key verbs and phrases!

Not all the tasks in the role-play situations translate directly into Spanish. There are quite a few special phrases, or idioms, that you need to learn. Refer to your grammar notes for further advice on some of these points:

* 'can' comes from **poder**, and is followed by an infinitive
* there are two verbs for 'to be' - **ser** and **estar**
* 'do' comes from **hacer**, but is not used to form questions
* 'want' comes from **querer**, but 'like' comes from **gustar**

Arreglos para la fiesta

Tell your friend:

* you want to organise a party in your house
* you would like to invite lots of friends
* you are all going to listen to music and dance
* you have to clean the living room and dining room
* you did the shopping yesterday afternoon
* there are plenty of plates and glasses
* you can prepare the food in the kitchen
* you like cheese and tomato sandwiches
* you prefer chocolate cream cakes
* the CDs are in your bedroom

Give the correct verb or phrase to complete each statement:

... (**1**) .... organizar una fiesta en mi casa.
... (**2**) .... invitar a muchos amigos.
... (**3**) .... a escuchar música y bailar.
... (**4**) .... limpiar el salón y el comedor.
... (**5**) .... la compra ayer por la tarde.
... (**6**) .... muchos platos y vasos.
... (**7**) .... preparar la comida en la cocina.
... (**8**) .... bocadillos de queso con tomate.
... (**9**) .... pasteles de chocolate con nata.
Los discos compactos .... (**10**) .... en mi dormitorio.

 Now make up the ten questions in Spanish for which the statements above are the answer:

(**1**) What ...?   (**2**) How many ...?   (**3**) What ...?   (**4**) What ...?
(**5**) When ...?   (**6**) Are there ...?   (**7**) Where ...?   (**8**) What ...?
(**9**) What ...?   (**10**) Where ...?

Mi instituto

¿Qué opinas de tu instituto?
Es moderno (viejo, regular, estricto).
Hay un gimnasio estupendo (una biblioteca enorme).
Tenemos ochenta profesores. Son simpáticos.
Voy al instituto a pie (en bicicleta, en autobús).
Organizan clubs después de las clases.
Tenemos que llevar uniforme.

My school

What do you think of your school?
It's modern (old, so-so, strict).
There's a splendid gym (a huge library).
We have eighty teachers. They're nice.
I go to school on foot (by bike, by bus).
They organise clubs after school.
We have to wear uniform.

Mis asignaturas

¿Qué asignaturas estudias?
Estudio español (inglés, matemáticas).
¿Cuál prefieres? Prefiero la informática.
¿Por qué? Porque es práctica y divertida.
¿Te gusta la geografía? No, es aburrida.
Se me dan bien (mal) en ciencias.
El viernes es mi día favorito porque tenemos deporte.

My subjects

What subjects do you study?
I study Spanish (English, maths).
Which do you prefer? I prefer ICT.
Why? Because it's practical and fun.
Do you like geography? No, it's boring.
I'm good (poor) at science.
Friday is my favourite day because we have sport.

La rutina escolar

¿A qué hora empiezan (terminan) las clases?
Llego al instituto a las ocho y media.
Tenemos cinco clases (dos recreos) al día.
Cada clase dura una hora.
Hablo con mis amigos durante el recreo.
Creo que el día escolar es demasiado largo.
Hago una hora y media de deberes.

School routine

What time do lessons start (finish)?
I arrive at school at half past eight.
We have five lessons (two breaks) a day.
Each lesson lasts an hour.
I talk to my friends at break time.
I think the school day is too long.
I do one and a half hours' homework.

La mochila

1 Practise the dialogue with a friend. Cover your role with a piece of paper to help you learn it. Finally act it out and present it to the class!

2 Replace the underlined phrases in the cartoon with one of the following: **a** *a las ocho*; **b** *aburrida*; **c** *bueno*; **d** *dibujo*; **e** *en autobús*; **f** *estrictos*; **g** *historia*; **h** *simpáticos*.

Exam Practice

1 ¿Qué asignaturas te gustan?

Saying you like or dislike something is a way of giving a simple opinion. Use the symbols and the phrases in the table to exchange your opinions about school subjects with a friend.

el español

la geografía

las matemáticas

el dibujo

la informática

las ciencias

¿Te gusta …? ¿Te gustan …?	
☺☺	me gusta(n) mucho
☺	me gusta(n)
☹	no está(n) mal
☹	no me gusta(n)
☹☹	no me gusta(n) nada

– ¿Te gusta el dibujo?
– ☺☺ Me gusta mucho el dibujo.
– ¿Te gustan las ciencias?
– ☹ No me gustan las ciencias.

How many questions and answers can you complete in one minute?
Mention other subjects as well.

2 Opiniones positivas y negativas

These adjectives are examples of positive and negative opinions. Match them up in pairs of opposites!

Opiniones positivas	Opiniones negativas
1 agradable	a aburrido
2 bueno	b desagradable
3 estupendo	c difícil
4 fácil	d fatal
5 interesante	e inútil
6 útil	f malo

Ask your friend's opinion of any school subjects in Spanish. Make the adjectives agree with the gender of the noun.

¿Qué piensas de **la** informática? – ¡Es estupend**a**!
¿Qué opinas de **las** matemáticas? – Son difícil**es**.

Try varying the strength of the opinion by adding **un poco** (a little), **bastante** (fairly), or **muy** (very) in front of the adjective.

3 Dos institutos

Use the information on these two leaflets to exchange details about the two schools with a friend. Each person should ask questions about a different school. Use the questions underneath to help. Write out a neat version of your final dialogue.

Instituto San Isidoro

	1730 alumnos
	95 profesores
	gimnasio moderno
	cantina estupenda
horario	de 08:00h a 17:00h
	6 clases de 1 hora todos los días
clubs	baloncesto, ajedrez, teatro
asignaturas especiales	las económicas el arte dramático la música, el dibujo
situación	cerca del centro de la ciudad
teléfono	43 - 67 - 81

Instituto Guzmán

- 1460 alumnos, 82 profesores
- sala de actos grande, laboratorios modernos
- dos recreos de media hora cada día

horario	de 08:30h a 17:30h
asignaturas especiales	la tecnología, los estudios empresariales, los idiomas
situación	en las afueras de la ciudad
teléfono	58 - 23 - 79

1 ¿Cómo se llama el instituto?
2 ¿Cuántos alumnos hay?
3 ¿Qué hay en el instituto?
4 ¿A qué hora empiezan las clases?
5 ¿Qué se puede estudiar allí?
6 ¿Cuál es su número de teléfono?

Make up some other questions of your own.

 E x a m   T i p

Be as accurate as you can!

It is important to know the genders of nouns, and to make the adjectives agree with them. Remember that: masculine nouns can be identified by **el**, **un** or **(m)**, and feminine nouns can be identified by **la**, **una** or **(f)**. Adjectives are usually given in their masculine form in word lists, so you may have to change the ending!

- **El** inglés es estupend**o**.
- **La** física es estupend**a**.
- **Las** ciencias son estupend**as**.

Role-play (Foundation tier)

Teacher's Role

Estás visitando a tu amigo español / amiga española.
Yo soy tu amigo/a.
1 ¿Cómo te van las clases?
2 ¡Yo también!
3 Sí, es muy divertido.
4 ¡Claro! ¿Es muy largo tu día escolar?
5 ¡Qué suerte!

Candidate's role (2 marks per task)

You are visiting your Spanish friend in Spain and talking about school.

a Say you're good at maths.
b Ask if your friend likes English.
c Ask if your friend has much homework.
d Say your lessons end at 3 o'clock.

Your teacher will play the part of your Spanish friend and will speak first.

En clase

¿Hablas español? Sí, un poco.
¿Cómo se dice (.....) en español?
¿Qué significa (.....) en español?
¿Cómo se escribe (.....) ? Se escribe (.....)
No entiendo. ¿Puedes repetir la pregunta?
¿Puedo consultar el diccionario?
¿Esta palabra es correcta? No lo sé.

In class

Do you speak Spanish? Yes, a little?
How do you say (.....) in Spanish?
What does (.....) mean in Spanish?
How do you spell (.....)? You spell it (.....)
I don't understand. Can you repeat the question?
Can I consult the dictionary?
Is this word correct? I don't know.

Mi horario

Hace falta estudiar ocho asignaturas como mínimo.
Debería haber más asignaturas optativas.
¿Cuántas clases de inglés tienes por semana?
Llevo tres años estudiando el español.
Me gustaría seguir estudiando idiomas.
No hay suficiente tiempo para comer a mediodía.
Las vacaciones de Navidad deberían ser más largas.

My timetable

You have to study a minimum of eight subjects.
There ought to be more optional subjects.
How many English lessons do you have per week?
I've been studying Spanish for three years.
I'd like to carry on studying languages.
There isn't enough time to eat at midday.
The Christmas holidays should be longer.

Las reglas

Algunas reglas son muy estrictas en mi opinión.
El uniforme es obligatorio pero no muy popular.
¿Por qué es necesario hacer deberes?
Nos castigan si no hacemos los deberes.
No se permite mascar chicle en clase.
Hay que levantar la mano antes de hacer una pregunta.
No se debe hablar durante los exámenes.

Rules

Some rules are very strict in my opinion.
The uniform is compulsory but not very popular.
Why is it necessary to do homework?
They punish us if we don't do our homework.
You're not allowed to chew gum in class.
You have to put your hand up before asking a question.
You mustn't talk during exams.

En contacto

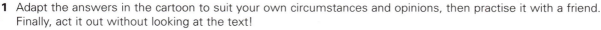

1 Adapt the answers in the cartoon to suit your own circumstances and opinions, then practise it with a friend. Finally, act it out without looking at the text!

2 From the cartoon, find words or phrases that mean the opposite of the following: **a** *rápido*; **b** *más tarde*; **c** *por favor*; **d** *elegante*; **e** *relajado*; **f** *inteligentes*; **g** *cortas*; **h** *empezado*.

Exam Practice

1 Razones

In higher tier role-plays you often have to give reasons.
A simple one, using a verb in the present tense, may be
enough, but other tenses could be useful, too. The verb 'to
be' is one of the most common verbs. Here is a simple
diagram showing some of the options. Work out which one
is the present tense, the preterite, the imperfect, the future
and the conditional.

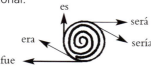

Choose the best part of the verb **ser** to complete each reason.

1 ¿Por qué no hiciste esta actividad?
Porque (fue/sería) demasiado difícil.

2 ¿Por qué estudias francés?
Porque (es/será) obligatorio.

3 ¿Por qué vas a seguir estudiando el español?
Porque (fue/será) muy útil en el futuro.

Here is a similar diagram for the verb **tener** ('to have').
Answer the questions that follow by giving the suggested
reason. Make sure you use the correct tense each time!

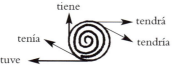

4 ¿Por qué no te gustaba la historia?
Say because you had too much homework.

5 ¿Por qué no sales esta noche?
Say because you have to revise for your exams.

6 ¿Por qué irás a la universidad?
Say because you'll have lots of success.

Now choose verbs from the list below, draw the
diagram and add the tenses of the 1st person
singular. For each one, make up at least three
questions starting with **¿Por qué ...?** using the 2nd
person singular in three different tenses. Give them to
a friend to answer, using the same tense as the
question each time.
Gustar does not have the same number of forms as
other verbs. Look at number 4 above for a clue.
Compare your answers when you have both finished.

| ir   visitar   hacer   salir   preferir   dar   gustar |

Role-play (Higher tier)

Teacher's role

1 ¡Qué sorpresa! No sabía que tienes que llevar
uniforme.

2 ¿Qué preferirías llevar?

3 ¿Qué piensan tus profesores de tu idea?

4 ¿Qué vas a hacer después de las clases? ... ¿Por qué?

5 ¡Buena idea!

Role-play
(Foundation/Higher tier)

Teacher's role

1 ¡Hablas muy bien el español!

2 ¿Cuál es tu asignatura favorita, y por qué?

3 ¡Qué interesante!

4 Cinco. Y, ¿qué no se puede hacer en tu instituto?

5 Igual que en mi instituto.

Candidate's role (3 marks per task)

You are visiting your Spanish friend in Spain and talking
about school.

a Say you've been studying Spanish for four years.

b Say what your favourite subject is and why.

c Ask how many English lessons your friend has per
week.

d ❗

Your teacher will play the part of your Spanish friend and
will speak first. The exclamation mark ❗ indicates that
you will have to respond to something which you have
not prepared.

E x a m   T i p

Anticipate the question 'Why?'

In some of the unpredictable tasks at Foundation/Higher or
Higher Tier you often have to give a reason or justify your
opinion. So listen out for the all-important question ...

¿Por qué? *(Why?)*

... and be ready to use the standard word in your answer:

Porque ... *(because ...)*

It's a good idea to prepare one or two useful phrases in
advance!

• Me gusta el inglés ... porque es fácil.

• El instituto es estricto ... porque hay muchas reglas.

• Voy a ir la biblioteca ... porque necesito un libro
para mis deberes.

Candidate's role (4 marks per task)

Your Spanish friend is visiting you and is surprised one
morning to see you wearing your school uniform.

a tu opinión del uniforme y tu razón

b tu uniforme ideal – dos detalles

c la opinión de tus profesores de tus ideas, y su razón

d ❗

Your teacher will play the part of your Spanish friend and will
speak first. The exclamation mark ❗ indicates that you will
have to respond to something which you have not prepared.

Mi casa o mi piso

¿Vives en una casa o en un piso?
Vivo en un chalé en las afueras de la ciudad.
Hay tres habitaciones, un salón y una cocina.
¿Dónde está el cuarto de baño? Está arriba (abajo).
La casa tiene un jardín pequeño y un garaje.
En mi dormitorio tengo una cama y un armario.
La moqueta es verde y las paredes son blancas.

My house or my flat

Do you live in a house or a flat?
I live in a detached house on the outskirts of town.
There are three bedrooms, a lounge and a kitchen.
Where is the bathroom? It's upstairs (downstairs).
The house has a small garden and a garage.
In my bedroom I have a bed and a wardrobe.
The carpet is green and the walls are white.

La rutina de la casa

¿A qué hora te levantas (te acuestas) normalmente?
Me levanto a las siete y me acuesto a las diez y media.
Salgo de casa a las ocho y vuelvo a casa a las cuatro.
Mis padres no me dejan salir entresemana.
Puedo salir con mis amigos los fines de semana.
Hago los deberes antes de ver la televisión.
Los domingos por la mañana prefiero dormir hasta tarde.

Household routine

What time to you get up (go to bed) usually?
I get up at seven and I go to bed at half past ten.
I leave home at eight and return home at four.
My parents don't let me go out during the week.
I can go out with my friends at the weekend.
I do my homework before watching television.
On Sunday morning I prefer to lie in.

Los quehaceres

¿Cómo ayudas a tus padres en casa?
Hago los quehaceres de vez en cuando.
Tengo que hacer la cama todos los días.
Suelo preparar el desayuno una vez por semana.
Odio fregar los platos y sacar la basura.
Me gusta llevar al perro de paseo por la tarde.
¡No hago nada! ¿Por qué no? ¡Soy muy perezoso/a!

Household chores

How do you help your parents at home?
I do the chores now and again.
I have to make my bed every day.
I usually prepare the breakfast once a week.
I hate washing the dishes and taking the rubbish out.
I like walking the dog in the afternoon.
I don't do anything! Why not? I'm very lazy!

El iglú de lujo

1 Practise the conversation with a friend. Test each other by changing the order of the questions, or by giving the answer and asking for the right question!

2 Arrange these summaries of each frame in the correct order: **a** *bañarse*; **b** *comida*; **c** *habitación*; **d** *quehaceres*; **e** *recepción*; **f** *tipo de casa*.

Exam Practice

1 ¿Cuántas veces?

Use the pictures and phrases in the table below to tell your friend how often you do the chores. Remember to use the right part of the verb each time - *lavo* from *lavar*; *hago* from *hacer*! For example:

Pas**o** la aspiradora a veces.

pas**ar** la aspiradora   prepar**ar** la comida   hac**er** la cama

sac**ar** la basura   lav**ar** los platos   hac**er** la compra

¿Cuántas veces?	How often?
todos los días	every day
una vez por semana	once a week
dos veces por mes	twice a month
a veces	sometimes
muchas veces	often
pocas veces	seldom
no ... nunca	never

Now ask how often your friend does the chores. Again, remember to use the right part of the verb each time - *¿lavas?* from *lavar*; *¿haces?* from *hacer*! For example:

¿Cuántas veces pas**as** la aspiradora?
Pas**o** la aspiradora una vez por semana.
No pas**o** **nunca** la aspiradora.

 How honest do you think your friend is being?

Make a comment on each of your friend's answers!

¡Es verdad!	It's true!
¡No lo creo!	I don't believe it!
¿De verdad?	Really?
¡Es mentira!	It's not true

2 Mi rutina y tu rutina

You are likely to need some reflexive verbs to talk about your daily routine. Perhaps you use them most easily to talk about yourself, but can you use them correctly to ask a question in a role play? First of all match up the Spanish verbs **1- 4** with their English meanings **a-d**.

Español	Inglés
1 me levanto	a I go off
2 me ducho	b I put on
3 me pongo	c I shower
4 me voy	d I get up

Now add some information (**e-h**) and you'll end up with a school pupil's morning routine! Finally, work out which questions (**j-m**) they answer.

e el uniforme	j ¿Dónde ..... ?
f a las siete	k ¿Adónde ..... ?
g al instituto	l ¿A qué hora ..... ?
h en el cuarto de baño	m ¿Qué ..... ?

You are now ready to form the question. Remember to change the **me** to **te** as well as the verb ending! Look at this example, then practise other questions and answers with a friend.

— **Me** lav**o** las manos en la cocina.
  Y tú, ¿dónde **te** lav**as** las manos?

 In their infinitive form, reflexive verbs always end with the pronoun **se**. Make some more questions and answers with these verbs, but be careful, the last two are radical changing verbs!

bañar**se**, arreglar**se**, peinar**se**, sentar**se**, vestir**se**

 E x a m   T i p

Know who's who!

In every role-play you do, make sure you understand who you're speaking to. The card will always say that your teacher will play the part of 'your friend', or 'the waiter', for example.

• "Ask if your friend makes the bed every day" means you say:
  "Do you make the bed every day?"
  because your teacher is 'your friend'

Role-play (Foundation/Higher tier)

Teacher's role
1 ¿Duermes tarde por la mañana?
2 ¿Cómo ayudas a tus padres en casa?
3 **!** ¿Qué **no** te gusta hacer en casa? ... ¿Por qué?
4 Estoy de acuerdo.
5 Sólo si tengo tiempo.

Candidate's role (3 marks per task)
You are visiting your Spanish friend's home in Spain.

a Say you usually get up at quarter past seven.
b Say you prepare the breakfast twice a week.
c **!**
d Ask if your friend makes the bed every day.

Your teacher will play the part of your Spanish friend and will speak first. The exclamation mark **!** indicates that you will have to respond to something which you have not prepared.

Recibir a un invitado

¿Cuáles son tus señas? / ¿Cuál es tu dirección?
Vivo en la Calle Mayor, número 5.
Éste es tu dormitorio. Lo vamos a compartir.
¿Necesitas algo? Me hace falta una toalla.
¿Puedo ducharme (bañarme, llamar a casa)?
¿Puedo ayudar a poner (quitar) la mesa?
¿Puedes ayudarme a arreglar mi dormitorio?

Receiving a guest

What's your address?
I live at number 5, High Street.
This is your bedroom. We're going to share it.
Do you need anything? I need a towel.
May I have a shower (have a bath, phone home)?
Can I help to set (clear) the table?
Can you help me to tidy my bedroom?

El horario de las comidas

¿A qué hora se come en tu casa?
Comemos a las doce y cenamos a las siete.
Prefiero comer (cenar) más temprano (más tarde).
Desayuno cereales, té y pan tostado.
Normalmente meriendo a las cuatro.
La cena es bastante ligera en mi casa.
Lo único que no como es la carne (el pescado).

Meal times

What time do you eat in your house?
We have lunch at twelve and dinner at seven.
I prefer to have lunch (dinner) earlier (later).
For breakfast I have cereals, tea and toast.
I usually have a snack at four o'clock.
Dinner is fairly light in my house.
The only thing I don't eat is meat (fish).

En familia

¿Cómo se comparten los quehaceres en tu casa?
Mis padres hacen la compra todos los sábados.
Cuando mi hermano/a pasa la aspiradora …
… yo tengo que limpiar el cuarto de baño.
Si no hacemos nada, no podemos salir.
Comparto mi dormitorio con mi hermano.
Mi hermana tiene su propio dormitorio.

In the family

How are the chores shared out in your family?
My parents do the shopping every Saturday.
When my brother (sister) does the vacuuming …
… I have to clean the bathroom.
If we don't do anything, we can't go out.
I share my bedroom with my brother.
My sister has her own bedroom.

El invitado extraterrestre

1 Practise the conversation with a friend. When you both think you know it, start the question and ask your friend to complete it without looking, then do the same with the answers!
Swap roles after you've finished. Who needed most prompting?

Exam Practice

1 ¿A qué hora?

Be prepared to mention a time correctly. It may be only one part of a task, or it could be in the unprepared task. Study these time questions and decide first of all what event each one refers to. Match the letters with the numbers.

¿ A qué hora ...		Answers	
1	... nos vemos mañana?	**a**	departure time
2	... se abren las tiendas?	**b**	arrival time
3	... empieza el concierto?	**c**	a meeting
4	... sale el tren para Madrid?	**d**	closing time
5	... se cierra el quiosco?	**e**	opening time
6	...llega el autobús?	**f**	start time

The word **a** at the beginning of the Spanish question means 'at'. Use this clock face to revise the time. Start at 3 o'clock and add minutes using **y** until half past the hour, then go to 4 o'clock and subtract minutes using **menos**. For example:
a las tres ... a las tres y cinco ... a las cuatro menos veinte ...
Write them out in full if it helps!

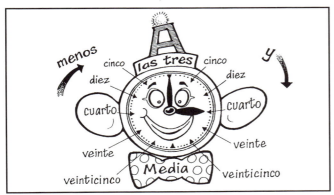

Answer the above 6 questions using the following times. Remember that for 'one o'clock' the word **las** is singular - **la**.

1 `11:00` 2 `02:30` 3 `07:15` 4 `09:45` 5 `01:20` 6 `05:55`

2 ¿Antes o después?

Arrange the following activities in a sensible order:

La rutina		Un día de vacaciones	
1	acostarse	**1**	ir a la discoteca
2	desayunar	**2**	salir del hotel
3	ir al cine	**3**	tomar el sol
4	levantarse	**4**	ir a la cama
5	ir al instituto	**5**	cenar
6	volver a casa	**6**	nadar en el mar

Now ask what your friend is going to do **after** one of the activities. For example:
– ¿Qué vas a hacer **después de** desayunar?
– Voy a ir al instituto.
Take turns to practise questions and answers like this.

Next, ask what your friend is going to do **before** one of the activities. For example:
– ¿Qué vas a hacer **antes de** ir a la discoteca?
– Voy a cenar.
Notice that they're followed by an infinitive, and remember to change *levantarse* to *levantarme* when talking about yourself!

★ Now make a list of your activities during one day using the phrases *antes de ...* or *después de ...*
For example:
Después de volver a casa veo la televisión.
Antes de ir a la cama leo un libro.

Role-play (Foundation/Higher tier)

Teacher's role

1 Bienvenido/a a España. Estás en tu casa.
2 Sí, claro. ¿Cómo es tu rutina normal de la tarde?
3 ¡Qué temprano! ¿Te gusta la comida española?
4 **!** Vale. Y ¿qué quieres hacer después de cenar?
5 Buena idea.

Candidate's role (3 marks per task)

You have just arrived at your Spanish friend's house in Spain.

a Ask if you can phone home.
b Say you have dinner at half past seven
c Say you don't eat seafood and olives.
d **!**

Your teacher will play the part of your Spanish friend and will speak first. The exclamation mark **!** indicates that you will have to respond to something which you have not prepared.

E x a m   T i p

Time things right!

Know how to say what time something takes place and listen out for a question about the time in the unprepared role-play tasks. If you hear the words **antes** or **después**, you'll probably need to mention in your answer an activity you'd like to do before or after something else.

- *¿A qué hora ...?* needs a time: *A la(s) ... y ...*
- You don't need the word *hora(s)* in your answer
- *Antes de ...* ('before') is followed by an infinitive
- *Después de ...*('after') is followed by an infinitive

Role-play (Higher tier)

Teacher's role

1 Háblame del típico desayuno del domingo.
2 ¿Cómo se comparten los quehaceres en tu familia?
3 ¿Qué planes tienes para la tarde? ... ¿Por qué?
4 **!** Y ¿qué vas a hacer antes de hacer eso? ...
    ¿Por qué?
5 Parece muy interesante.

Candidate's role (4 marks per task)

Your Spanish friend is visiting you.
You are talking about next Sunday.

a El desayuno – qué y cuándo
b Los quehaceres – quién y qué
c Tus planes para la tarde y tu razón
d **!**

Your teacher will play the part of your Spanish friend and will speak first. The exclamation mark **!** indicates that you will have to respond to something which you have not prepared.

La televisión y la radio

¿Puedo ver la televisión (escuchar la radio)?
¿Qué tipos de programa prefieres y por qué?
Me gustan los concursos porque son divertidos.
No aguanto las telenovelas (las entrevistas).
Anoche vi un documental muy interesante.
Se trataba de los ordenadores del futuro.
La serie cuenta la historia de la música pop.

Television and radio

Can I watch television (listen to the radio)?
What types of programme do you prefer and why?
I like game shows because they're entertaining.
I can't stand soap operas (chat shows).
Last night I saw a very interesting documentary.
It was about the computers of the future.
The series tells the story of pop music.

Los libros y la prensa

¿Qué prefieres leer – libros o revistas?
Las novelas policíacas son muy absorbentes.
Las revistas de bricolaje no me interesan nada.
Los periódicos siempre contienen malas noticias.
Leí un artículo interesante sobre la moda.
Prefiero leer la sección de deportes.
¿Qué opinas tú? ¿Estás de acuerdo?

Books and the press

What do you prefer reading - books or magazines?
Detective novels are very absorbing.
DIY magazines don't interest me at all.
Newspapers always contain bad news.
I read an interesting article on fashion.
I prefer reading the sports section.
What do you think? Do you agree?

La música y las películas

¿Qué tipo de música (películas) te gusta?
Prefiero la música pop (la música clásica).
Las películas cómicas (tristes) me hacen reír (llorar).
¿Has ido a un concierto (al cine) recientemente?
Vi a mi grupo favorito en la sala de conciertos.
Creo que su última canción es estupenda.
Acabo de ver una película muy buena. Se llama …

Music and films

What kind of music (films) do you like?
I prefer pop music (classical music).
Comedy (sad) films make me laugh (cry).
Have you been to a concert (the cinema) recently?
I saw my favourite group in the concert hall.
I think their latest song is great.
I've just seen a very good film. It's called …

Los teleadictos

1 Write down two words from each speech bubble and use them as prompts to help you learn your part in the conversation. Alternatively, write down the first letter of each word only. How long before you can do it without any prompts at all?

2 How many of these adjectives do you think apply to the two young people? Write down the letters and beside them put a tick or a cross, or a question mark if it's not possible to say. **a** aburridos; **b** activos; **c** amables; **d** animados; **e** cansados; **f** descontentos; **g** enfadados; **h** nerviosos.

Exam Practice

1   ¿Por qué no …?

One of the tasks in a role-play might be to suggest doing something. There are several ways of making a suggestion, and they don't need the word 'suggest'!

¿Por qué no …?	Why don't (we) …?
¡Vamos a …!	Let's …!
¿Te gustaría …?	Would you like to …?
¿Te apetece …?	Do you feel like …?
Podríamos …	We could …

Take turns with a friend to suggest some of the following activities. Use an appropriate part of the verb with the first phrase, but use an infinitive with all the others.

ir a la discoteca

jugar a cartas

visitar el castillo

escuchar música

dar un paseo

ver la televisión

Now add a day and a time to the suggestion, and ask your friend to comment - positively, or negatively.

☺	☹
¡Buena idea!	No, gracias.
¡Me gustaría mucho!	No me interesa mucho.
¡Qué bien!	No me apetece.
¡Estupendo!	No tengo ganas.

2   ¿Más o menos?

If you're asked to give a suggestion you may have to justify your choice of activity. Your alternative may be **more** interesting or **less** expensive, for example. Imagine your friend invites you to go shopping in town. How would you justify the following alternative ideas? Use **más** or **menos** with one of the adjectives below. For example:

– Sentarse en el jardín sería más relajado.

Activities	Adjectives
sentarse en el jardín	divertido
patinar sobre ruedas	interesante
ir al parque de atracciones	aburrido
escuchar la radio	caro
hacer una fiesta	barato
jugar al ajedrez	emocionante
dar un paseo en moto	agotador
charlar con amigos	relajado

3   Me gustaría más

Rejecting a suggestion can be done with a single word ¡no! but that won't score many marks. In order to gain more marks, use the conditional tense to say what you'd rather do, and follow it up with an opinion and an extended reason. First, one person suggests an activity from options **a - d**.

a ver una telenovela	**c** trabajar en el jardín
b navegar por Internet	**d** ir a un concierto de música clásica

– ¿Te apetece ver una telenovela?

The other person should reject this suggestion and choose an alternative from options **e - h**.

e ver una película	**g** visitar a unos amigos
f salir al parque	**h** ir a la bolera

Having chosen alternative **e** for example, put together your reply using one phrase from each of the following boxes:

1 Frase clave	**Key phrase**
Me gustaría más	I would rather …
Preferiría …	I'd prefer to …
Sería mejor …	It would be better to …

2 Por qué	**Why**
porque …	because …
puesto que …	since …
ya que …	as …

3 Opinión	**Opinion**
creo que …	I think that …
pienso que …	I think that …
en mi opinión	in my opinion

4 Razón	**Reason**
quiero encontrar a …	I want to meet …
prefiero estar con …	I prefer to be with …
sería más …	it would be more …

– No, gracias. Me gustaría más … **ver una película** … porque … creo que … sería más emocionante.

E x a m   T i p

Always give full details!

In Higher tier role-play situations it is important to give fairly detailed answers since there are 4 marks available per task. Many of the tasks give you the opportunity to be creative and imaginative, and they are often open-ended.

- Include a reason and an opinion if you can
- Give more than one detail or piece of information
- Refer to the past or the future if it's appropriate
- Use language you know and are confident with

Role-play (Higher tier)

Teacher's role

1 ¿Por qué no vamos a un partido de fútbol el sábado?
2 ¿Tienes otra idea, entonces?
3 ¿Qué planes tienes para el viaje?
4 ! Muy bien. Y ¿qué podremos hacer allí?
5 ¡Perfecto!

Candidate's role (4 marks per task)

Your Spanish friend is visiting you. You are arranging to go out next Saturday. You are **not** keen on sport.

a Tu reacción a su idea y tu razón
b Tu sugerencia y tu razón
c Detalles del viaje
d !

Your teacher will play the part of your Spanish friend and will speak first. The exclamation mark ! indicates that you will have to respond to something which you have not prepared.

¿Qué tal estás?

¡Hola! ¿Qué tal? – Muy bien, gracias.
¡Fenomenal! ¡Regular! ¡Fatal!
Estoy en plena forma.
No me siento muy bien. Me siento mal.
Me siento mucho mejor (un poco peor).
He estado enfermo/a (en la cama, en el hospital).
¿Cómo están tus padres? – Están bien.

How are you?

Hello! How are you? - Fine, thanks.
Great! So-so! Awful!
I'm on top form.
I don't feel very well. I feel ill.
I feel much better (a little worse).
I've been ill (in bed, in hospital).
How are your parents? - They're well.

¿Qué te pasa?

Estoy cansado/a (Tengo sueño). No puedo dormir.
Tengo frío (calor, hambre, sed).
Tengo fiebre (tos, dolor de estómago).
¿Qué te duele exactamente?
Me duele la garganta. Me duelen los pies.
Estoy mareado/a. He vomitado dos veces.
Creo que tengo catarro (la gripe).

What's the matter?

I'm tired. I can't sleep.
I'm cold (hot, hungry, thirsty).
I've got a temperature (a cough, stomach ache).
What exactly hurts (is sore, is painful)?
I've got a sore throat. My feet hurt.
I feel sick. I've been sick twice.
I think I've got a cold (the flu).

¡Socorro!

¿Puedes ayudarme, por favor?
Necesito un vaso de agua.
Acabo de tener un pequeño accidente.
¿Quieres llamar al médico?
Nos hará falta una ambulancia.
Pienso que es urgente.
¡Cuidado! Se ha hecho daño en la pierna.

Help!

Can you help me, please?
I need a glass of water.
I've just had a small accident.
Do you want to call a doctor?
We'll need an ambulance.
I think it's urgent.
Be careful! He has hurt his leg.

El campeón

1 After practising the conversation with a friend, change some of the answers and suggest a different reason for returning home at the end! Present your new version to the class.

2 The following words appear in the cartoon but the letters are all mixed up. Unscramble them and arrange the words in the order they appear in the story: **a** *laroc*; **b** *codimé*; **c** *roper*; **d** *nodacas*; **e** *baazec*; **f** *sandcares*.

Exam Practice

1 ¡Hola! ¿Qué tal?

It's quite common to start a conversation by greeting someone and asking how he or she is. Put these answers to **¿Qué tal?** in the correct order, starting with the most positive. You'll find their meanings in the vocabulary section at the back of the book if you're not sure of them.

  a regular   **b** bien

          c estupendo

  d muy bien   **e** fatal

Instead of saying **¿Qué tal?** you could also ask your friend **¿Cómo estás?** This phrase contains part of the verb *estar* (to be) which is used to describe a temporary state of health at one particular moment. To answer the question use the first part of the verb, **Estoy ...** Practise this question with a friend taking turns to answer. Use the following phrases in your answers. Check their meanings at the back of the book if you need to. Since they are adjectives, make sure you use the masculine and feminine endings as appropriate.

    muy cansado/a   algo mareado/a

        un poco peor

  bastante enfermo/a   mucho mejor

 Now try talking about someone else's health. You'll need other parts of the verb **estar** for this. For example:

  – ¿Cómo está tu mejor amigo/a?   – Está ...   **or**
  – ¿Cómo están tus padres?   – Están ...

2 ¿Calor o frío?

Not all states of health need the verb *estar*, however. If the Spanish word is a noun, you'll probably need the verb **tener** which usually means 'to have', followed by a noun This can seem confusing, since the English translation usually uses the verb 'to be', followed by an adjective! Match up these phrases correctly, then practise them with a friend using either the question **¿Qué tal?** or **¿Cómo estás?**

1	I'm hot	**a**	Tengo frío
2	I'm thirsty	**b**	Tengo dolor de cabeza
3	I'm sleepy	**c**	Tengo sed
4	I'm cold	**d**	Tengo calor
5	I'm hungry	**e**	Tengo fiebre
6	I've got a headache	**f**	Tengo hambre
7	I've got a temperature	**g**	Tengo sueño

 Now say that someone else has these problems. You'll need other parts of the verb **tener** for this. For example:

  – ¿Cómo está tu profesor/a? – Tiene ... **or**
  – ¿Cómo están tus padres?   – Tienen ...

3 ¿Qué te duele?

For role-plays involving health and illness you'll probably need to say where something hurts. Learn which parts of the body are masculine and which parts are feminine, and use the correct phrase for singular or plural.

Me duele la pierna.	I have a sore leg
Me duelen los oídos.	My ears hurt.

Use these pictures and take it in turns with a friend to ask and say what hurts:

– ¿Qué te duele?   – Me duele(n) ...

1   **2** 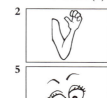   **3**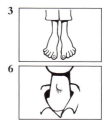

4   **5**   **6**

Say that someone else is in pain, and try to say how much it hurts. For example:

  – A papá **le** duele **mucho** la pierna.
  – A (mi amigo/a) **le** duelen **un poco** los oídos.

Ask if your friend has a specific pain somewhere. For example :

  – ¿Te duele la pierna? ¿Te duelen los oídos?

Then in the answer say that doesn't hurt but that something else hurts:

  – No, **no** me duele(n) mucho, **pero** me duele(n) ....

E x a m   T i p

'To be' or 'to have', that is the question!

Check which verb you need when referring to health, and check whether you use a noun or an adjective with it. Remember it may not be the same as in English! But what about these - **Estoy cansado/a** and **Tengo sueño**? They both mean very much the same thing!

- Use **estar** with an adjective for a temporary feeling
- Use **muy** or **bastante** to qualify the adjective
- Use **tener** with a noun for certain key phrases
- Use **mucho/a** or **un poco de** to qualify the noun

Role-play (Foundation tier)

Teacher's role

Estás visitando a tu amigo español / amiga española.
Yo soy tu amigo/a.

1 ¡Hola! ¿Cómo estás esta mañana?
2 ¿Qué te pasa exactamente?
3 ¿Algo más?
4 ¿Qué quieres hacer?
5 Claro que sí.

Candidate's role (2 marks per task)

While visiting your Spanish friend in Spain you don't feel very well.

a Say you don't feel very well.
b Say your stomach hurts.
c Say you have a temperature.
d Ask if you can call a doctor.

Your teacher will play the part of your Spanish friend and will speak first.

En la consulta del médico

¿Puede usted darme hora para ver al médico?
¿Le conviene el lunes próximo a las diez y media?
Quisiera ver al médico esta mañana, si es posible.
¿Cuál es el problema exactamente?
Me duele la espalda desde hace tres días.
Me caí en la escalera. Me he torcido el tobillo.
¿Es grave? ¿Puede usted darme una receta?

At the doctor's

Can I make an appointment to see the doctor?
Does next Monday at half past ten suit you?
I'd like to see the doctor this morning, if possible.
What exactly is the problem?
My back has been hurting for three days.
I fell on the stairs. I've sprained my ankle.
Is it serious? Can you give me a prescription?

En la farmacia

¿Tiene usted algo para la insolación?
Quisiera comprar unas aspirinas (tiritas).
Necesito una venda. Tengo la rodilla hinchada.
¿Puede usted recomendar unas pastillas?
¿Cuántas pastillas debería tomar?
¿Tiene usted alergia? – Sí, tengo alergia a los frutos secos.
Si no me mejoro pronto, volveré al médico.

At the chemist's

Have you got something for sunstroke?
I'd like to buy some aspirins (sticking plasters).
I need a bandage. I have a swollen knee.
Can you recommend some tablets?
How many tablets should I take?
Have you any allergies? - Yes, I'm allergic to nuts.
If I don't get better soon, I'll go back to the doctor.

¿Estás en forma?

Creo que llevo una vida bastante sana.
¿Piensas que haces suficiente ejercicio?
Practicaba deporte tres veces por semana.
Como fruta y legumbres, y duermo muy bien.
Trataré de reducir el consumo de dulces.
Prefiero no comer la carne, pero no soy vegetariano/a.
Fumar cigarrillos es muy nocivo para la salud.

Are you fit?

I think I lead a fairly healthy lifestyle.
Do you think you take enough exercise?
I used to do some sport three times a week.
I eat fruit and vegetables, and I sleep very well.
I will try to cut down on sweet things.
I prefer not to eat meat, but I'm not vegetarian.
Smoking cigarettes can seriously damage your health.

La alergia

1 Imagine the chemist is talking directly to the woman's daughter. Make all the necessary changes to the given answers so that they become the daughter's own words, then practise the new conversation with a friend.

2 By the end of the cartoon, how many of these adjectives would you apply to the customer? Write down the letters and beside them put a tick or a cross, or a question mark if it's not possible to say: **a** *alérgica*; **b** *enferma*; **c** *equivocada*; **d** *inteligente*; **e** *pobre*; **f** *preocupada*; **g** *trabajadora*; **h** *sorprendida*.

Exam Practice

1 Problemas

When a doctor in Spain or your Spanish friend asks you what
the matter is, they'll use one of these phrases - but which one?

¿Qué le pasa? **or** ¿Qué te pasa?

The doctor would use the first one because it's more formal
and they're unlikely to know you. Your Spanish friend would
use the second one because it's more informal.
Here are some answers to the question.
Match up the Spanish with the English.

Tengo …		I have …	
1	un catarro	**a**	flu
2	tos	**b**	an insect bite
3	la gripe	**c**	a cold
4	una insolación	**d**	sunburn
5	una quemadura de sol	**e**	a temperature
6	una intoxicación alimenticia	**f**	a cough
7	una picadura	**g**	food poisoning
8	fiebre	**h**	sunstroke

Now practise with a friend asking and saying what the matter is.
Vary the question between the formal and the informal version.

 Say how long you've had the problem.
For example:

– Tengo la gripe **desde hace** dos días.
Practise saying that someone else has one of the
problems mentioned. For example:

– Mi amigo tiene un catarro **desde hace** una semana.

2 Remedios

For something to cure the problem, you might need to ask
for one of the following items.
Match them up with the appropriate problem.

Los remedios		Los problemas	
1	unas aspirinas	**a**	el dolor de garganta
2	una crema	**b**	el tobillo torcido
3	una venda elástica	**c**	un catarro
4	unas tiritas	**d**	la tos
5	unas pastillas	**e**	el dolor de cabeza
6	un jarabe	**f**	un corte
7	unos tisús	**g**	una quemadura

Now practise asking for something to cure the problem.
Use the first phrase if you are speaking to the doctor or the
chemist, or use the second phrase if you are talking to your
Spanish friend.

¿Tiene usted algo para …? **or** ¿Tienes algo para …?

3 ¿Qué ha pasado?

You may have to tell someone about a minor accident you
have just had. So which phrase would the doctor use, and
which one would your Spanish friend use?

¿Qué ha hecho usted? **or** ¿Qué has hecho?

Look at the following accidents that have happened and
match a picture to each of the statements underneath. Then
practise with a friend asking and answering questions about
a minor accident. Vary the questions between the formal and
the informal. When you know the phrases well, cover them
up and practise again using only the pictures.

a  b   c

d  e   f

1	Me he cortado el dedo
2	Me he roto un diente
3	Me he torcido el tobillo
4	Me he quemado la mano
5	Me he hecho daño en la rodilla
6	Me he caído de una silla

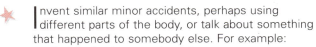 Invent similar minor accidents, perhaps using
different parts of the body, or talk about something
that happened to somebody else. For example:

– ¿Qué ha hecho tu amigo/a?
– Se ha roto la pierna.

E x a m   T i p

Formal or informal address?

Make sure you know how to address the person you are
talking to in the role-play. It will always be made very clear
on the card. Using the wrong form of address could cost
you marks. The **tú** form of address is the 2nd person
singular. The **usted** form is the 3rd person singular.

- With a Spanish friend of your own age, use the informal **tú**
- With the relative of your Spanish friend, use the informal **tú**
- With a person you are unlikely to know, use the formal **usted**
- With a person in his or her official capacity, use **usted**

Role-play (Foundation/Higher tier)

Teacher's role

1 Buenos días. ¿Qué ha pasado exactamente?
2 No parece muy grave.
3 Una venda y algo para el dolor.
4 **!** ¿Cuál es su apellido? …Y ¿cómo se escribe?
5 Gracias. Hay que ir a la farmacia con la receta.

Candidate's role (3 marks per task)

You have had a minor accident in Spain. You go to see a doctor.

a Say you have fallen in the street.
b Ask if the doctor has something for a swollen knee.
c Ask if the doctor can recommend some tablets.
d **!**

Your teacher will play the part of the Spanish doctor and will
speak first. The exclamation mark **!** indicates that you will
have to respond to something which you have not prepared.

¿Te gusta?

Tengo hambre. Tengo mucha sed.
¿Te gusta el zumo de naranja (la limonada)?
Me gustan los melocotones (las uvas).
¿Te gustaría (Quieres) un bocadillo?
Me encantan las hamburguesas con queso.
No me gusta nada el ajo. Odio las aceitunas.
Prefiero el agua mineral con gas.

Do you like it?

I'm hungry. I'm very thirsty.
Do you like orange juice (lemonade)?
I like peaches (grapes).
Would you like (Do you want) a sandwich?
I love cheeseburgers.
I really don't like garlic. I hate olives.
I prefer fizzy mineral water.

¿Qué quieres tomar?

¡Oiga, camarero/a! – Sí. ¿Dígame?
Quiero un café. Quisiera un té con limón.
Voy a tomar el menú del día.
De primero vamos a tomar sopa de cebolla.
De segundo quisiera pollo con arroz.
¿Qué hay de postre?
¿Tiene usted helado de fresa?

What would you like to have?

Waiter (waitress), please! - Yes. What can I get you?
I want a coffee. I'd like a lemon tea.
I'm going to have the menu of the day.
For starters we're going to have onion soup.
For main course I'd like chicken with rice.
What is there for dessert?
Have you got strawberry ice-cream?

¿Algo más?

¿Quiere usted más café?
Sí, por favor. No, gracias. Sólo un poquito.
La comida estaba muy buena.
Me hace falta una cuchara (un vaso).
La cuenta, por favor.
¿Dónde están los servicios, por favor?
¿Hay un teléfono en el restaurante?

Anything else?

Do you want some more coffee?
Yes please. No thanks. Just a little.
The meal was very good.
I need a spoon (a glass).
The bill, please.
Where are the toilets, please?
Is there a telephone in the restaurant?

El postre

 1 Take turns with a friend to be the waiter and the customer, and try to put as much feeling as you can into each part as you practise the conversation.

2 Replace all the underlined phrases in the cartoon with the following, and create a similar story about pasta. You'll need one of the words three times: **a** *fenomenal*; **b** *pasta*; **c** *plato*; **d** *salsa y pimienta*; **e** *segundo*; **f** *sopa*; **g** *teléfonos*; **h** *tortilla*.

Exam Practice

1 ¿Quién es?

Ordering something in a cafe or having a meal in a restaurant is a common role-play topic. Read the following 12 phrases and decide who is speaking, the waiter or the customer. Write 'C' for Customer, and 'W' for Waiter.

1 La cuenta, por favor.	8 Lo siento pero hoy no tenemos.
2 Quisiera una limonada.	
3 En seguida, señorita.	9 Tenga. El servicio está incluido.
4 Sí, con leche, por favor.	
5 ¿Qué va a tomar usted?	10 ¿Quiere usted un café?
6 Tráigame un vaso, por favor.	11 Voy a tomar el menú del día.
7 Y ¿para beber?	12 ¿Tiene usted fresas?

Now put the questions and answers into the correct order for a conversation in a restaurant. Start with 5 ... and end with 9.

Practise the conversation with a friend. How quickly can you remember your lines without looking at the text to prompt you? Try reducing each line to a single key word and use that for support instead of the whole conversation. Swap roles after a while, then decide which is easier to learn. In a role-play in an exam you would always be the customer, so you would need to understand the waiter's phrases rather than know how to say them.

2 El menú del día

Look at this typical Spanish menu with its choice of starters, main course and dessert. Using some of the questions and answers from the activity above, invent your own conversation in a restaurant in which you and your friend play the parts of the waiter and the customer.

Restaurante Picasso
Menú del día

Sopa de cebolla
Ensalada verde
* * *
Tortilla española
Pollo con patatas fritas
Salmón a la plancha
Macarrones con queso
* * *
Helado de chocolate
Naranja
Flan

Try to extend the conversation by adding comments and opinions about the dishes, or by asking for something that's not on the menu, for example. If you want a dish with something extra use **con ...** or without something, use **sin ...**

Role-play (Foundation tier)

Teacher's role
Estás en un restaurante en España.
Yo soy el camarero / la camarera.

1 Buenas tardes. ¿Dígame?
2 Mil quinientas pesetas.
3 Y ¿para beber?
4 Muy bien. Y ¿de postre?
5 Sí claro.

Candidate's role (2 marks per task)
You go into a restaurant in Spain to have a meal.

a Ask how much the menu of the day is.
b Say you would like hamburger with chips.
c Say you prefer mineral water.
d Ask if they have chocolate cake.

Your teacher will play the part of the Spanish waiter and will speak first.

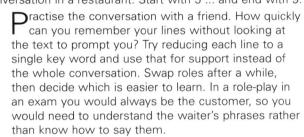

E x a m   T i p
Greetings and polite phrases!

Expect to use the standard phrases of everyday speech in all your role-play situations. Surprisingly these words are often taken for granted, and as a result they sometimes get forgotten! So do remember them - they could mean easy marks!

* Use **Buenos días** formally, and **¡Hola!** informally
* Use **Por favor** when you want to say please
* Use **Gracias** when you want to say thank you
* Use **¡Adiós!** or **¡Hasta luego!** to say goodbye

Role-play (Foundation/Higher tier)

Teacher's role
1 ¿Qué va a tomar señor / señorita?
2 **!** Y ¿qué quiere de segundo? ... ¿Por qué?
3 ¡Qué bien!
4 Ningún problema. ¿Algo más?
5 Sí, señor / señorita, al fondo del restaurante.

Candidate's role (3 marks per task)
You are ordering a meal in a restaurant in Spain.

a You would like chicken soup for starters.
b **!**
c Say you need a knife and fork.
d Ask if there's a telephone in the restaurant.

Your teacher will play the part of your Spanish friend and will speak first. The exclamation mark **!** indicates that you will have to respond to something which you have not prepared.

Reservar una mesa

Una mesa para cuatro personas, por favor.
He reservado una mesa a nombre de Miller.
Somos cuatro, dos adultos y dos niños.
¿Hay una mesa en la terraza (en el interior)?
Preferimos estar en la sección de no-fumadores.
¿A qué hora habrá una mesa libre?
Volveremos más tarde, sobre las diez.

Reserving a table

A table for four people, please.
I've reserved a table in the name of Miller.
There are four of us, two adults and two children.
Is there a table on the terrace (inside)?
We prefer to be in the no-smoking section.
What time will there be a free table?
We'll come back later, about ten o'clock.

¡Qué rico!

¿Le gustó la comida? ¿Qué tal el pollo?
Me gustó mucho. Estaba muy rico.
Ya no puedo más. Estoy satisfecho/a.
¡Es el mejor filete que jamás he comido!
¿Le hace falta una servilleta limpia?
¿Está incluido el servicio?
¡Quédese con la vuelta!

How tasty!

Did you enjoy the meal? How was the chicken?
I liked it a lot. It was delicious.
I can't eat any more. I'm full up.
It's the best steak I've ever eaten!
Do you need a clean serviette?
Is the service included?
Keep the change!

¡Hay un problema!

¿Puede usted cambiar el pan? No está fresco.
La sopa estaba fría (muy salada).
El servicio fue muy lento.
Llevamos 15 minutos esperando el café.
No pedimos judías vedes.
No había suficiente salsa de carne.
Creo que hay un error en la cuenta.

There's a problem!

Can you change the bread? It isn't fresh.
The soup was cold (very salty).
The service was very slow.
We've been waiting 15 minutes for the coffee.
We didn't order green beans.
There wasn't enough gravy.
I think there's a mistake on the bill.

El camarero despistado

1 When practising this conversation with a friend, try to show a growing sense of annoyance in the customer's voice, and a growing sense of puzzlement in the waiter's voice.

2 Arrange these pictures in the correct order, then use them to practise the conversation without looking at the text:

a   b   c   d   e   f

Exam Practice

1 ¿Qué tal la comida?

You may have to give an opinion about a meal you've had in a restaurant in Spain. Complete these positive comments by adding the correct adjective. Remember that adjectives must agree with the word they are describing! ☺

1 El menú del día era ...		a	... cortés.
2 El camarero era ...		b	... estupendos.
3 La sopa estaba ...		c	... amplias.
4 Los postres eran ...		d	... rica.
5 Las raciones eran ...		e	... variado.

Not all your opinions about the meal you've had will be positive, however. Complete these comments by adding the correct adjective, and again, check that they agree with the word they are describing! ☹

1 La sopa estaba ...		a	... duras.
2 El servicio era ...		b	... fría.
3 Las peras estaban ...		c	... impacientes.
4 Los camareros eran ...		d	... lento.
5 El ambiente era ...		e	... ruidoso.

 Make some more comments about a meal in a restaurant, both positive and negative. Consider what was good or bad about particular dishes, parts of the meal or the service.

2 Quejas y razones

If you are not satisfied with your meal or part of the service you'll probably want to complain to the waiter, or even the manager. Look at the following complaints and decide which reason goes with each one.

Las quejas

1 Había un error en la cuenta ...
2 No me gustó la salsa ...
3 Las bebidas no estaban frías ...
4 Era imposible comer el filete ...
5 No podía comer el postre ...
6 El camarero era muy descortés ...

Las razones

a ... porque no les quedaba hielo.
b ... porque nos cobraron 4 cafés en vez de 2.
c ... porque siempre tenía mucha prisa.
d ... porque contenía frutos secos.
e ... porque estaba demasiado hecho.
f ... porque estaba muy salada.

3 ¿Cuál prefieres?

If you're offered a choice between two things, you'll probably be expected to give a reason for your choice. Practise this situation with a friend by using the choices and reasons below. For example:

– ¿Cuál prefieres: una mesa en el interior, o una mesa en la terraza?
– Prefiero una mesa en la terraza.
– ¿Por qué?
– Porque me gusta comer al aire libre.

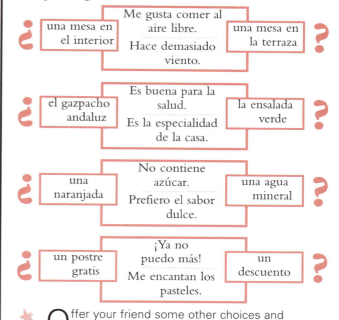

¿ una mesa en el interior | Me gusta comer al aire libre. / Hace demasiado viento. | una mesa en la terraza ?

¿ el gazpacho andaluz | Es buena para la salud. / Es la especialidad de la casa. | la ensalada verde ?

¿ una naranjada | No contiene azúcar. / Prefiero el sabor dulce. | una agua mineral ?

¿ un postre gratis | ¡Ya no puedo más! / Me encantan los pasteles. | un descuento ?

Offer your friend some other choices and remember to insist on a reason for the choice!

> **E x a m   T i p**
>
> ## Was it or wasn't it *ser* or *estar*?
>
> Deciding whether to use ***ser*** or ***estar*** is probably one of the more difficult aspects of Spanish, but if you want to use them in the past tense, here are a few tips.
> Check your grammar notes for further explanations.
> - Use ***era*** to describe general characteristics (e.g. size, temperament)
> - Use ***fue*** to comment on a completed event (e.g. meal, sporting fixture)
> - Use ***estaba*** to describe a temporary state (e.g. soup that was cold, a friend who was feeling tired), or the position of something (e.g. in the restaurant)

Role-play (Higher tier)

Teacher's role

1 ¿Le ha gustado la comida, señor / señorita?
2 ¿Está usted satisfecho/a con todo, entonces?
3 ! Lo siento mucho. ¿Cuál prefiere usted – un postre gratis o un descuento? ... ¿Por qué?
4 Vale. Y ¿qué planes tiene usted para después de la comida?
5 Muy interesante.

Candidate's role (4 marks per task)

You have just finished your main course in a restaurant in Spain.

a Dos detalles positivos de la comida
b Dos detalles negativos de la comida
c !
d Tus planes para después de la comida.

Your teacher will play the part of the Spanish waiter and will speak first. The exclamation mark ! indicates that you will have to respond to something which you have not prepared.

Mis amigos y yo

¿Cómo te llamas? Me llamo (.....)
¿Cuántos años tienes? Tengo (.....) años.
¿Cuándo es tu cumpleaños? – El tres de enero.
Tengo un amigo que se llama Pepe. Es español.
Su apellido se escribe "er-eh, oo, ee, theh-ta".
Hoy es su cumpleaños. Tiene dieciséis años.
Nació en Valencia pero vive in Madrid.

My friends and I

What's your name? My name is (.....)
How old are you? I'm (.....) years old.
When's your birthday? - The 3rd of January.
I have a friend called Pepe. He's Spanish.
His surname is spelt "R u i z".
Today is his birthday. He is 16 years old.
He was born in Valencia but he lives in Madrid.

La familia y los animales

¿Cuántas personas hay en tu familia?
Somos cinco personas en total.
Pepe tiene un hermano y dos hermanas.
Su hermana mayor (menor) tiene novio.
Su hermano estudia para ser ingeniero.
¿Tienes animales en casa?
Tengo un gato blanco y un perro marrón.

The family and pets

How many people are there in your family?
There are five of us altogether.
Pepe has a brother and two sisters.
His older (younger) sister has a boyfriend.
His brother is studying to be an engineer.
Have you got any pets at home?
I've got a white cat and a brown dog.

Las descripciones y el carácter

Describe a tu mejor amigo/a.
Es de estatura mediana y muy guapo/a.
Es muy alto/a y bastante delgado/a.
Tiene el pelo moreno y los ojos azules.
¿Qué opinas de tu amigo/a?
Creo que es amable y divertido/a.
Me llevo bien con él/ella. Somos muy parecidos.

Descriptions and character

Describe your best friend.
He/she is of average build and very good-looking.
He/she is very tall and fairly slim.
He/she has brown hair and blue eyes.
What do you think of your friend?
I think he/she is friendly and amusing.
I get on well with him/her. We're very similar.

El póster

 1 When you practise this dialogue, use a real poster to create the full effect. Ask two people to hold the poster between you and your friend, so that it can be 'opened' in the last frame.

2 Arrange these summaries of each frame in the correct order:
 a *edad*; **b** *actividad*; **c** *ciudad*; **d** *relaciones*; **e** *sorpresa*; **f** *nombre*.

Exam Practice

1   La foto

Many role-plays contain tasks in which you have to give someone information about yourself or other people. Even small slips, such as the wrong verb ending, could make the meaning of what you say unclear, and therefore lose you marks. Study these four common verbs, for example. Copy them out and fill in the gaps **1** to **12**.

ser	to be
soy	... **(1)** ... am
eres	you ... **(2)** ...
es	he/she ... **(3)** ...

llamarse	to be called
me llamo	... **(4)** ... am called
te llamas	you ... **(5)** ...
se llama	... **(6)** ... is called

vivir	to live
vivo	... **(7)** ... live
vives	... **(8)** ... live
vive	he/she ... **(9)** ...

tener	to have
tengo	... **(10)** ... have
tienes	... **(11)** ... have
tiene	he/she ... **(12)** ...

Now study this picture of María and her family. She introduces herself, then her brother and sister. Copy out and complete each phrase with part of one of the verbs above. Use **ser** for profession, physical description, nationality, and personality; use **llamarse** for name; use **vivir** for where people live; and use **tener** to say what family members, friends and pets they have, to give their age, or to refer to their hair or eyes.

A (Herself)   Me llamo María. ...

... **(1)** ... María. ... **(2)** ... española. ... **(3)** ... en Barcelona.
... **(4)** ... quince años. ... **(5)** ... los ojos azules.

B (Her brother)   Tiene trece años. ...

... **(1)** ... trece años. **(2)** ... bajo y delgado. ... **(3)** ... Roberto.
... **(4)** ... simpático y gracioso. ... **(5)** ... un gato pequeño.

C (Her sister)   Es estudiante. ...

... **(1)** ... estudiante. ... **(2)** ... Teresa. ... **(3)** ... en Madrid.
... **(4)** ... muchas amigas. ... **(5)** ... trabajadora y divertida.

2   ¿Cómo se escribe?

You should always be ready to spell words in Spanish. The most obvious ones are your own surname and first name, and perhaps the street where you live, or the name of your home town or school. Say these letters out loud and see if you can pronounce them correctly! (See page 76 for the complete alphabet in Spanish if you're not sure of some.)

Now try spelling these names.
Which ones are the most difficult to say out loud?

1 Isabel	6 Diego
2 Felix	7 Nieves
3 Charo	8 Iñaki
4 Miguel	9 Inés
5 Jazmina	10 Joaquín

Practise individual letters by drawing them with the tip of your finger on a flat surface and asking a friend to say them out loud.
Make sure they're correctly pronounced!

E x a m   T i p

I, you, he or she?

Check the endings of your verbs!
You don't always need to use the word for 'I', 'you', 'he' or 'she' with Spanish verbs because the special ending of each part identifies the correct person. So check the endings carefully and match them exactly to the task!
Most present tense endings are as follows:
• For 'I', the verb will end in **-o** (and sometimes **-oy**)
• For 'you', **-ar** verbs end in **-as**, and **-er/-ir** verbs end in **-es**
• For 'he/she', **-ar** verbs end in **-a**, and **-er/-ir** verbs end in **-e**

Role-play (Foundation tier)

Teacher's role

Estás de vacaciones en España. Yo soy tu nuevo amigo/tu nueva amiga.
1 ¡Bienvenido/a a España!
2 Soy Paco/Paca. Háblame de tu familia.
3 Yo también.
4 Tengo quince años. Y ¿cómo se escribe tu apellido?
5 Gracias. Te mandaré una invitación a mi fiesta.

Candidate's role (2 marks per task)

You are on holiday in Spain. You make a new friend.

a Greet your new friend and give your name.
b Say you have a brother and a sister.
c Ask how old your friend is.
d Spell your surname.

Your teacher will play the part of your Spanish friend and will speak first.

El deporte

¿Qué deportes practicas?
Practico la natación y juego al tenis.
Me gusta mucho practicar el ciclismo.
Juego para el equipo del instituto.
Voy al polideportivo todos los sábados.
Soy aficionado/a al baloncesto.
¿Cuánto cuesta una pista de tenis por hora?

Los pasatiempos

¿Qué te gusta hacer en tu tiempo libre?
Me gusta salir con amigos.
Escucho música. Veo la televisión.
Voy al cine (a la bolera, a las discotecas).
¿Tocas algún instrumento? Toco la guitarra.
Juego con mi ordenador.
Soy miembro de un club para jóvenes.

El dinero de la paga

¿Cuánta paga recibes?
Recibo cinco libras por semana.
Si no ayudo en casa, no recibo nada.
¿En qué gastas tu paga?
Compro revistas, ropa y discos compactos.
Trabajo los sábados para ganar más dinero.
Estoy ahorrando para comprarme un ordenador.

Sport

What sports to you do?
I go swimming and play tennis.
I really like going cycling.
I play for the school team.
I go to the sports centre every Saturday.
I'm a basketball fan.
How much is a tennis court per hour?

Hobbies

What to you like doing in your free time?
I like going out with my friends.
I listen to music. I watch television.
I go to the cinema (the bowling alley, discos).
Do you play an instrument? I play the guitar.
I play on my computer.
I'm a member of a youth club.

Pocket money

How much pocket money do you get?
I get £5 a week.
If I don't help out at home, I don't get anything.
What do you spend your pocket money on?
I buy magazines, clothes and CDs.
I work on Saturdays to earn more money.
I'm saving up to buy a computer.

Las mil pesetas

1 Practise the conversation with a friend. Test each other by changing the order of the questions, or by giving the answer and asking for the right question!

2 Work out what these words are, and rewrite them in the order they appear in the cartoon. Use the letters in red to make the name of a famous Spanish football team. **a** *tenretni* **b** *sinet* **c** *oglas* **d** *acetocsid* **e** *orenid* **f** *otnemurtsni*.

Exam Practice

1 ¿Jugar o practicar?

If you have to talk about sport in a role-play be careful with the verb 'play' in Spanish. If they use a ball in the sport you'll need the verb ***jugar***, but remember that the **u** changes to ***ue*** in some parts of the verb (it's called a radical changing verb!) and it need the preposition ***a*** after it. Ask if your friend plays these sports. For example:

– ¿**Jue**gas al tenis?
– Sí, **jue**go al tenis.

If they don't use a ball in the sport you should use the verb ***practicar***, or ***hacer***. This time there's no need to add the preposition ***a***. Just use ***el*** or ***la***. Ask if your friend does these sports. For example:

– ¿Practicas el atletismo?
– No, no practico el atletismo.

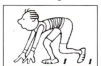

In English it's quite common to use the verb 'go' when talking about some sports (go swimming, for example). In Spanish it's better to use ***practicar*** or ***hacer***. Look at these English expressions and match them up with the correct Spanish phrase.

1	I go swimming.	**a**	Hago footing.
2	I go cycling.	**b**	Practico la equitación.
3	I go running.	**c**	Hago windsurf.
4	I go windsurfing.	**d**	Hago piragüismo.
5	I go horse riding.	**e**	Practico la natación.
6	I go canoeing.	**f**	Practico el ciclismo.

The only way you can use the verb 'go' is if you mention the place you go to, rather than the sport you do there. So match up these correctly:

1	I go bowling.	**a**	Voy a la piscina.
2	I go swimming.	**b**	Voy al gimnasio.
3	I go skating.	**c**	Voy a la bolera.
4	I go fitness training.	**d**	Voy a la pista de hielo.

2 ¿Tocar o escuchar?

If you have to talk about playing a musical instrument in Spanish you need a different verb, ***tocar***. Find out whether your friend plays one of these instruments, and say whether you play it. For example:

– ¿Tocas el piano?
– Sí, toco el piano.

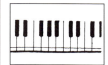  

If you don't play a musical instrument but listen to music, use the verb ***escuchar***. There's no need for the equivalent of the English word 'to', so just use *el/la/los/las/* as appropriate. For example:

– ¿Escuchas la música pop?
– Sí, escucho el rap.

 Qualify your answer by saying **how well** or **how much** you play:

– Toco bastante bien el violín.
– Toco un poco la guitarra.

If you don't play an instrument say which one you would **like** to play:

– No toco ningún instrumento, pero me gustaría mucho tocar la batería.

If you're just learning to play an instrument use the verb ***aprender a***. For example:

– Estoy aprendiendo a tocar el violín.

E x a m T i p
Go, do, play or listen to?

Think carefully what verb you need when you talk about sport or music. It also helps to be as accurate as possible, so make sure you pronounce the letter 'j' of ***juego*** correctly, and emphasise the letter 'i' in ***practico***.

• Use ***jugar a*** to say you play sports that use a ball.
• Use ***practicar*** or ***hacer*** to say you do other sports.
• Use ***tocar*** to say you play musical instruments.
• Use ***escuchar*** to say you listen to music.

Role-play (Foundation tier)
Teacher's role

Estás hablando con tu amigo español / amiga española. Yo soy tu amigo/a.

1 ¿Qué haces en tu tiempo libre?
2 ¡Yo también!
3 Yo prefiero el footing.
4 Sí me gusta mucho el rap.
5 ¡Qué interesante!

Candidate's role (2 marks per task)

You are talking to your Spanish friend about your free time.

a Say you play tennis with your friends.
b Say you go swimming on Saturday.
c Ask if your friend listens to music.
d Say you play the piano a little.

Your teacher will play the part of your Spanish friend and will speak first.

Preferencias y alternativas

¿Qué quieres hacer esta tarde?
Quiero ir al centro.
¿Vamos a la bolera después?
Sería más divertido ir a la pista de hielo.
¿Por qué no vemos el fútbol en la televisión?
Yo prefiero ver el partido en el estadio.
A mí me gustaría más jugar al fútbol.

Los fines de semana

¿Qué hiciste el fin de semana pasado?
Fui a la fiesta de cumpleaños de mi amigo/a.
Escuché mi programa de radio favorito.
Jugué en un partido de fútbol.
¿Qué vas a hacer el fin de semana que viene?
Voy a participar en un concurso de natación.
Voy a ir a un concierto de rock.

Las vacaciones

¿Adónde fuiste de vacaciones el año pasado?
Fui al sur de España con mi familia.
Tomé el sol y nadé en el mar todos los días.
Probé la comida típica de la región.
Me gustó muchísimo la vida nocturna.
Saqué muchas fotos del pueblo y de la costa.
Compré unos recuerdos para mis amigos.

Preferences and alternatives

What do you want to do this afternoon?
I want to go into the town centre.
Shall we go to the bowling alley afterwards?
It would be more fun to go to the ice rink.
Why don't we watch the football on television?
I prefer to watch the match in the stadium.
I'd rather play football.

The weekends

What did you do last weekend?
I went to my friend's birthday party.
I listened to my favourite radio programme.
I played in a football match.
What are you going to do next weekend?
I'm going to take part in a swimming competition.
I'm going to go to a rock concert.

Holidays

Where did you go on holiday last year?
I went to the south of Spain with my family.
I sunbathed and swam in the sea every day.
I tried the typical food of the region.
I really liked the night life.
I took lots of photos of the village and the coast.
I bought some souvenirs for my friends.

Las fotos

1 While practising this conversation you could think up a comment in Spanish for each of the disapproving onlookers to say as an aside: *¡qué feo!* or *¡qué tonto!* for example.

2 In each frame of the cartoon people are looking disapprovingly at the boy. Arrange them in the correct order: **a** *un gorila de discoteca*; **b** *los padres*; **c** *dos guardias civiles*; **d** *dos chicas*; **e** *un vigilante de piscina*; **f** *un guarda de tumbonas*.

Exam Practice

1 El sábado ideal

When planning your ideal Saturday, you'll need to say what you 'want', 'would like' or 'prefer' to do. The next (or second) verb will always be an infinitive.

Quiero **bailar** en la discoteca.	I want **to dance** at the disco.
Me gustaría **visitar** el museo.	I would like **to visit** the museum.
Prefiero **comer** en un restaurante.	I prefer **to eat** in a restaurant.

Look at this flow chart of ideas for an ideal Saturday. Choose the correct infinitive from **a - f** to complete each activity **1 - 6**. Then work through the suggestions with a friend asking you questions like these:

– ¿Qué quieres hacer por la mañana?
– ¿Qué te gustaría hacer por la tarde?

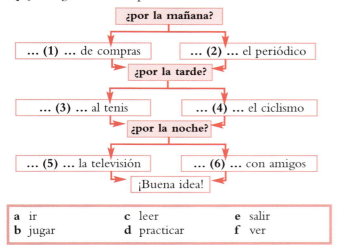

¿por la mañana?
... (1) ... de compras   ... (2) ... el periódico
¿por la tarde?
... (3) ... al tenis   ... (4) ... el ciclismo
¿por la noche?
... (5) ... la televisión   ... (6) ... con amigos
¡Buena idea!

a ir		**c** leer		**e** salir	
b jugar		**d** practicar		**f** ver	

Make up a similar flow chart of your own for a boring Sunday at home (***Un domingo aburrido en casa***). Here are some activities you could include in it:

hacer los deberes	recoger el dormitorio
pasar la aspiradora	reparar la bicicleta
lavar el coche	trabajar en el jardín

When you practise with a friend, use these other verb expressions in the questions and answers that are followed by an infinitive:

– ¿Qué tienes que hacer?	– Tengo que ...
– ¿Qué deberías hacer?	– Debería ...
– ¿Qué no puedes hacer?	– No puedo ...

Add a comment or opinion about the activities too!

2 Un fin de semana muy típico

'A very typical weekend' is the meaning of this heading, but the word order is very different from an English pattern. In Spanish the word 'end' comes before 'week, which comes before 'very typical'. Adjectives normally go after the word they describe in Spanish, but when two nouns come together to form a single idea, the word order seems to be the opposite of the English. So the 'week-end' becomes the 'end of the week'. Look at the vocabulary section ***Los fines de semana*** on the opposite page. How many examples of this sort of phrase can you find? Now give the Spanish for each of the following:

1 a rugby match	**4** a piano competition	**7** a bus stop
2 a TV programme	**5** a beach towel	**8** a birthday present
3 a pop concert	**6** a train ticket	**9** a fashion magazine

Role-play (Foundation/Higher tier)

Teacher's role

1 ¿Qué planes tienes para el sábado?
2 ¿Quieres bañarte?
3 **!** ¿Cómo quieres ir allí? ... ¿Por qué?
4 Vale. ¿Necesitas algo?
5 Te daré una.

Candidate's role (3 marks per task)

You are visiting your friend in Spain. You are discussing your plans for Saturday.

a Say you want to go to the coast.
b Say you prefer to sunbathe.
c **!**
d Say you need a beach towel.

Your teacher will play the part of your Spanish friend and will speak first. The exclamation mark **!** indicates that you will have to respond to something which you have not prepared.

 E x a m   T i p

Should the second verb be an infinitive?

Always think carefully if you need to use two verbs together. It is quite probable that the second one will be an infinitive, specially if you use any of the following verbs first. Remember it is the 'first' verb you change so that it refers to the correct person.

- Use an infinitive after ***quiero***, ***quisiera***, ***me gustaría***
- Use an infinitive after ***puedo***, ***se puede***
- Use an infinitive after ***tengo que***, ***debería***
- Use an infinitive after ***me gusta***, ***me encanta***, ***prefiero***

Role-play (Higher tier)

Teacher's role

1 Háblame de tus vacaciones típicas.
2 ¡Qué interesante! Y ¿qué prefieres hacer? ... ¿Por qué?
3 **!** Muy bien. Y ¿qué ropa llevas de vacaciones? ... ¿Por qué?
4 Buena idea. Y ¿qué tipo de recuerdos compras? ... ¿Para quién?
5 ¡Eres muy generoso/a!

Candidate's role (4 marks per task)

Your Spanish friend is visiting you. You are talking about your holidays.

a Vacaciones típicas – dónde y cuándo
b Dos actividades favoritas y tus razones
c **!**
d Recuerdos – qué y para quién

Your teacher will play the part of your Spanish friend and will speak first. The exclamation mark **!** indicates that you will have to respond to something which you have not prepared.

Los saludos

¡Hola! ¿Qué tal? – Bien, gracias, ¿y tú?
Buenos días. Buenas tardes.
Te presento a mi hermano (mi hermana).
¡Encantado/a de conocerte! / ¡Mucho gusto!
¡Pasa, pasa! Siéntate, por favor.
¡Bienvenido! Estás en tu casa.
¡Adiós! ¡Hasta luego! Gracias por todo.

Greetings

Hello, how are you? - Fine thanks, and you?
Good morning. Good afternoon.
This is my brother (my sister).
Pleased to meet you!
Come in, come in! Sit down, please.
Welcome! Make yourself at home.
Goodbye! See you later! Thanks for everything.

El permiso y las disculpas

Perdón, ¿puedo hacerte una pregunta?
¿Puedo invitar a mis amigos a la barbacoa?
¿Me dejas ir a la fiesta esta noche?
Discúlpame. He roto tu boli.
Siento mucho dejar caer el vaso.
¡No te preocupes! ¡No importa!
Lo siento mucho. No lo volveré a hacer.

Permission and apologies

Excuse me, can I ask you a question?
Can I invite my friends to the barbecue?
Will you let me go to the party tonight?
I'm really sorry. I've broken your pen.
I'm very sorry I dropped the glass.
Don't worry. It doesn't matter!
I'm very sorry. I won't do it again.

¡Problemas!

¿Qué te pasa? ¿Tienes algún problema?
Nunca tengo suficiente dinero para salir.
No me gusta compartir mi dormitorio.
He roto con mi novio (mi novia).
Mis padres no me dejan salir entresemana.
Tengo que volver a casa antes de las once.
¡No es justo, en mi opinión!

Problems!

What's the matter? Have you got a problem?
I never have enough money to go out.
I don't like sharing my bedroom.
I've split up with my boyfriend (girlfriend).
My parents don't let me go out during the week.
I have to be home by 11 o'clock.
It's not fair, in my opinion.

Los novios

 1 You can put lots of feeling into practising this conversation, and with something suitable to represent the bunch of flowers, it should be fun to act out!

2 Which of these words would best describe the boy's feelings at the end of the cartoon? Write down the letters and beside them put a tick or a cross, or a question mark if it's not possible to say: **a** *antipático*; **b** *generoso*; **c** *nervioso*; **d** *peor*; **e** *pesimista*; **f** *positivo*; **g** *triste*; **h** *valiente*.

Exam Practice

1 Se dice así

Apart from the normal everyday phrases people use to greet each other, there are a number of other polite things to say on special occasions. Match these phrases with the phrases below:

Las frases

1	¡Bienvenido!	6	¡Feliz Navidad!
2	¡Salud!	7	¡De nada!
3	¡Feliz cumpleaños!	8	¡Felicidades!
4	¡Que aproveche!	9	¡Cuidado!
5	¡Buen viaje!	10	¡Feliz Año Nuevo!

Las situaciones

a El día en que se celebra un nacimiento
b Antes de coger un tren o un avión
c El uno de enero
d Con una bebida en la mano
e Después de dar las gracias
f En una situación peligrosa
g Al recibir a un invitado
h El veinticinco de diciembre
i Después de aprobar los exámenes
j Antes de comer o cenar

 Make sure you know exactly what the ten phrases mean and learn them. Work with a friend and test each other.

2 ¿Puedo …?

One of the most common tasks in a role-play task is to ask if you can do something. Use these pictures to ask a friend if you can do these things. Use one of the verbs **a - f** in each question, and remember to say please! Your friend can choose an answer from the suggestions underneath or invent others. For example:

– ¿Puedo **sacar** una foto?   – ¡Claro que sí!

…(1)…	…(2)…	…(3)…	…(4)…	…(5)…	…(6)…
una foto	a mi novio	la radio	a la discoteca	un bocadillo	el piano

a comer	¡Claro que sí!
b llamar	¡Después de hacer los deberes!
c tocar	¡Si tienes bastante tiempo/dinero!
d escuchar	¡Ni hablar!
e sacar	¡Lo siento, pero no!
f ir	¡Hay que preguntar a tu padre!

How many different things could you ask for permission to do during a visit to your friend in Spain?

3 Las quejas de los jóvenes

One of your tasks may contain a negative word like **don't** or **doesn't**. These can be easier to deal with than you might think. Look at these examples of the kind of complaints young people make and find the correct Spanish phrase for each one:

1 Say you don't have enough money.
2 Say you don't like sharing your bedroom.
3 Say your personal stereo doesn't work.
4 Say your sister doesn't let you use her computer.
5 Say you don't go to the cinema very often.
6 Say your brother doesn't do the housework.

a Mi hermana no me deja usar su ordenador.
b No voy mucho al cine.
c Mi hermano no hace los quehaceres.
d No tengo suficiente dinero.
e Mi estéreo personal no funciona.
f No me gusta compartir mi dormitorio.

None of the phrases below uses a word for 'do' or 'does' in Spanish. This is because you just need to use the word 'no' in front of the Spanish verb in order to make it negative:

tengo	I have	funciona	it works
no tengo	I don't have	no funciona	it doesn't work
me gusta	I like	hace	he does
no me gusta	I don't like	no hace	he doesn't do

The words **nada** (nothing), **nunca** (never) and **nadie** (nobody) are useful for giving opinions when you **don't** like something. Match up each Spanish sentence with the correct English.

1 **No** hay **nada** que hacer para los jóvenes.
2 **No** va **nadie** al centro los domingos.
3 **No** organizan **nunca** buenos conciertos.

a Nobody goes into the centre on Sundays.
b There's nothing for young people to do.
c They never organise good concerts.

 E x a m   T i p

Keep your negatives simple!

When you see a task that contains the words 'don't ' or 'doesn't ', 'nothing', 'never' or 'nobody', here's what to do:

- For don't … or doesn't …, use **no** before the verb.
- For 'nothing', use **no …… nada** around the verb.
- For 'nobody', use **no …… nadie** around the verb.
- For 'never', use **no …… nunca** around the verb.

Role-play (Foundation tier)

Teacher's role

Estás hablando con tu amigo español / amiga española en el aeropuerto. Yo soy tu amigo/a.

1 Me ha gustado mucho la visita.
2 Esto es para ti …
3 Claro. Es para tu familia también.
4 ¡Más para ti, entonces! ¡Nos veremos en agosto!
5 ¡Recuerdos a tus amigos!

Candidate's role (2 marks per task)

You are seeing your Spanish friend off at the airport.

a Tell your friend to have a good journey.
b Ask if you can open the present.
c Say your Dad doesn't eat chocolate.
d Say thank you very much and goodbye.

Your teacher will play the part of your Spanish friend and will speak first.

Invitaciones
¿Estás libre mañana por la tarde?
Vamos a la playa. ¿Quieres venir?
¿Te gustaría ir al polideportivo?
¿Por qué no vamos a la pista de hielo?
¿Quieres acompañarme a la discoteca?
¿Recibiste una invitación a/para la fiesta?
¿Quieres venir a visitarme en el verano?

Invitations
Are you free tomorrow afternoon?
We're going to the beach. Do you want to come?
Would you like to go to the sports centre?
Why don't we go to the ice rink?
Do you want to come to the disco with me?
Did you get an invitation to the party?
Do you want to come and visit me in the summer?

¿Aceptar o rechazar?
Muchas gracias por la invitación.
¡Qué bien! Acepto con mucho gusto.
Lo siento pero no estoy libre.
Desgraciadamente no puedo ir.
¡Qué pena! Ya tengo otra invitación.
Tengo demasiados deberes.
No tengo suficiente dinero.

Accept or decline?
Thanks very much for the invitation.
Great! I'm delighted to accept.
I'm sorry but I'm not free.
Unfortunately I can't go.
What a pity! I've already got another invitation.
I've got too much homework.
I haven't got enough money.

¿Cuándo y dónde?
¿Dónde nos vemos?
Nos vemos delante de la cafetería.
¿Cuándo nos vemos?
Nos vemos mañana a las ocho.
Vale. De acuerdo. ¡Hasta las ocho!
¿Cuándo puedes venir a mi casa?
Estaré libre en agosto.

When and where?
Where shall we meet?
We'll meet outside the cafe.
When shall we meet?
We'll meet tomorrow at eight o'clock.
OK. Agreed. See you at eight!
When can you come to my house?
I'll be free in August.

Los fantasmas

1 It should be fun to act out this dialogue! Careful use of very simple props and clothes and the classroom lights will be needed.

2 Which of these faces best describe the attitude of the ghosts in each frame?

a  b c d  e f

Exam Practice

1 ¿Estás libre?

Discussing plans for the weekend is a common theme for a role-play, and it may be necessary to check availability and negotiate times. Look at these recommended activities in a local tourist guide and practise asking if your friend is free to go out to one of the events. For example:

– Voy a ir al museo el sábado por la mañana. ¿Estás libre?

– Sí, estoy libre.

– Hay una corrida de toros el domingo por la tarde. ¿Quieres ir?

– Sí, quiero ir.

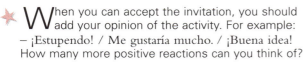

Cartelera del fin de semana		
actividades recomendadas		
sábado	mañana:	*museo*
	tarde:	*partido de fútbol*
	noche:	*película*
domingo	mañana:	*mercado de discos compactos*
	tarde:	*corrida de toros*
	noche:	*pista de hielo*

⭐ When you can accept the invitation, you should add your opinion of the activity. For example:
– ¡Estupendo! / Me gustaría mucho. / ¡Buena idea!
How many more positive reactions can you think of?

2 Excusas

The introduction to your role-play, especially at Higher Tier, often helps you predict an obstacle or problem that will require you to make an excuse. For example:

It is the last day of your holiday in Spain. A Spanish friend telephones to invite you out.

It is likely that the invitation is for tomorrow or the next day. So if you hear ...

– ¿Quieres ir a la playa mañana?

... you will have to reject the invitation **and** give a reason:

– Lo siento. No puedo ir porque vuelvo a Inglaterra hoy.

With a partner, try dealing with this situation and question:

1 *Your Spanish friend wants to invite you out for a meal. Unfortunately you do not eat fish.*

– Vamos a un restaurante que sirve pescado. ¿Quieres venir?

Now can you guess what the questions are going to be too?

2 *You are discussing plans for the weekend with your Spanish friend. You are not keen on dancing.*

3 *While in Spain you don't feel well so you telephone a clinic to make an urgent appointment with a doctor.*

4 *You go into a souvenir shop in Spain to buy a gift for a friend. You have only got 2000 pesetas left.*

3 ¿Dónde nos vemos?

Arranging where to meet is often one of the unpredictable tasks in a role-play, so always be ready to suggest a suitable place. You should also know all the usual phrases of position! Look at this small street map and imagine you are the person standing at the bus stop. Work out where you would meet people according to the instructions **1 - 6** underneath. Choose the correct letter in each case, but beware - there are two letters that you don't need!

1 enfrente de la cafetería
2 al lado del cine
3 delante del supermercado
4 detrás de la iglesia
5 entre el supermercado y la discoteca
6 cerca de la iglesia

⭐ How many correct phrases can you make up to identify where the other two meeting places are (the two extra letters on the map)?

E x a m   T i p

Clues in the introduction!

Always read the introduction to the role-play to check you are in a position to accept an invitation. There will be a clue in the introduction that there is an obstacle; use it as the reason for your excuse. So:

• If the introduction says 'today is your last day in Spain' ... you can't go to a Spanish beach tomorrow!

• If the introduction says 'you don't eat fish' ... don't agree to go to a restaurant that serves it!

• Don't forget to apologise

• Be prepared to suggest an alternative if asked:
– ¿Por qué no vamos el lunes que viene?

Role-play (Higher tier)

Teacher's role

1 ¡Hola! ¿Quieres ir a un restaurante el domingo?

2 ¡Qué pena! ¿Qué otra cosa podemos hacer?

3 ! De acuerdo. ¿Dónde nos vemos exactamente?
...Y ¿a qué hora?

4 Ningún problema. Y ¿qué otros planes tienes para el resto de tu visita?

5 ¡Qué interesante!

Candidate's role (4 marks per task)

You are in Spain. You are due to return home on Saturday. A Spanish friend telephone you to invite you out.

a Tu respuesta a la invitación y tu razón.

b Tu sugerencia – qué y cuándo.

c !

d Otros planes para tu visita.

Your teacher will play the part of your Spanish friend and will speak first. The exclamation mark ! indicates that you will have to respond to something which you have not prepared.

¡Vamos al cine!

¿Qué tipo de película prefieres?
Prefiero las comedias (las películas de miedo).
¿A qué hora empieza (termina) la película?
¿Cuánto cuesta una entrada?
¿Cuál es la última película que viste? – Vi (.....)
Esta semana ponen una película de acción.
Ya la he visto. Me gustaría más ir a un concierto.

Let's go to the cinema

What kind of film do you prefer?
I prefer comedies (horror films).
What time does the film start (end)?
How much is an entrance ticket?
What's the last film you saw? - I saw (.....)
This week they're showing an action film.
I've already seen it. I'd rather go to a concert.

Algunos detalles de la película

¿De qué se trata (se trataba) la película?
Se trata (trataba) de un robo (un desastre).
Contaba la historia de dos jóvenes enamorados.
La aventura tenía lugar en el espacio.
Fue una carrera contrarreloj.
Los buenos vencieron a los malos.
Al final todos vivieron felices.

Some details about the film

What is (was) the film about?
It is (was) about a robbery (a disaster).
It told the story of two young lovers.
The adventure took place in space.
It was a race against time.
The goodies beat the baddies.
At the end they all lived happily ever afterwards.

¿Qué tal fue?

¿Te gustó la película? ¿Por qué (no)?
Es la mejor (peor) película que jamás he visto.
La acción fue muy emocionante (bastante lenta).
Los efectos especiales eran fenomenales (fatales).
Los actores hacían bien (mal) sus papeles.
Había demasiada violencia (muy poco argumento).
La última parte me hizo reír (llorar) mucho.

What was it like?

Did you like the film? Why (not)?
It's the best (worst) film I've ever seen.
The action was very exciting (rather slow).
The special effects were terrific (awful).
The actors played their parts well (badly).
There was too much violence (very little plot).
The last part made me laugh (cry) a lot.

El autógrafo

1 After you have practised your parts in the dialogue, you could perhaps re-enact it in the style of American gangsters going to see *El Padrino* ('The Godfather'). What would the setting be like? Who would be waiting on the other side of the bridge?

2 Where are Tarzan and Jane in each frame? Arrange these places in the correct order: **a** *en la cafetería*; **b** *en la salida*; **c** *delante del póster*; **d** *en el puente*; **e** *en el bosque*; **f** *en la taquilla*.

Exam Practice

1 ¿Te gustó la película?

You can classify films in many different ways. In front of all these adjectives is the useful 'm-word' **muy** (very).

☺☺	muy emocionante		
☺	muy buena	☹	muy aburrida
	muy mediocre	☹☹	muy mala
☺	muy mediocre		

Think of a film you've seen and ask if your friend liked it:
– ¿Te gustó (la película)?
Your friend should answer using one of the above phrases.

The word **muy** can be used with any adjective, so think of some other adjectives to describe a film and use them after **muy**. Here are some suggestions. They are all feminine to agree with *la película*. It's unusual to use **muy** with adjectives that already give a 'strong' opinion (such as *estupendo* or *fatal*).

cómica	imaginativa	original
complicada	interesante	rara
divertida	larga	triste

2 ¿Cuál prefieres?

To compare types of film, you have the choice of two other 'm-words', **más** (more), and **menos** (less). Choose any two of the following types of film and ask which your friend prefers.

In the answer, your friend should compare them using any of the above adjectives after **más** or **menos**. For example:

– ¿Cuál prefieres - las comedias o los dibujos animados?
– Las comedias son **más** divertidas que los dibujos animados.
How many comparisons can you make in 3 minutes?
Remember to make your adjectives plural!

Another handy 'm-word' is **mejor** (better, best) which has the plural form **mejores**. Which one fits into each of these sentences?

Las películas de acción son ...(**1**)... que las películas de miedo.

¡Es la ...(**2**)... película que jamás he visto!

Now try comparing some of the above films by saying which ones are better, or mention your favourite film and say it's the best film you've ever seen! And by the way, **peor** (**peores**) is the opposite of *mejor* (*mejores*)! Do you agree with your friend or not?

– ¡Sí, estoy de acuerdo! / ¡No, no estoy de acuerdo!

3 ¿Qué había en la película?

To say what there was in a film you've seen, you'll probably need a lot of nouns, so now you can use another important 'm-word', **mucho** (much, a lot of, many). Since it is an adjective it also has a feminine and plural forms.

	singular	plural
masculine	mucho	muchos
feminine	mucha	muchas

Put the right one in front of each noun in the following sentences, and you have some useful comments about films!

Había ...(**1**)... humor
Había ...(**2**)... criminales
Había ...(**3**)... batallas
Había ...(**4**)... acción
Había ...(**5**)... personajes
Había ...(**6**)... violencia
Había ...(**7**)... sexo
Había ...(**8**)... aventuras

Remembering that *mucho* describes a noun in these examples, invent some similar phrases of your own with words like *diálogo*, *emoción*, *desastres*, *personas*, for example. The opposite of *mucho* is **poco**, which has feminine and plural forms, too. So invent some phrases to say that the film had 'little humour' (*poco humor*) or 'few characters' (*pocos personajes*), for example.

4 ¡Qué calor!

Remember to use the right 'm-word' when talking about the weather. In English we say 'it's hot', and the word 'hot' is an adjective. In Spanish the phrase is 'hace calor', and the word 'calor' is a noun. So, bearing in mind that **muy** is used with adjectives and **mucho** is used with nouns, which 'm-word' would you use in all these descriptions of the weather?

Hace ...(**1**)... calor	It's very hot
Hace ...(**2**)... frío	It's very cold
Hace ...(**3**)... sol	It's very sunny
Hace ...(**4**)... viento	It's very windy

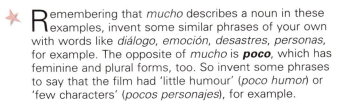 **E x a m   T i p**

Mind the 'm-words'!

Know the difference between all the little words beginning with the letter 'm'. They all have a different meaning and accidentally using the wrong one could cost you marks. So make sure you learn them thoroughly!

- Use **muy** in front of an adjective to mean 'very'
- Use **más** or **menos** to mean 'more' or 'less'
- Use **mejor** for 'better' (and **peor** for 'worse')
- Use **mucho** with a noun for 'much', 'many', and 'a lot'

Role-play (Higher tier)

Teacher's role

1 Ponen una película de miedo en el cine. ¿Quieres ir?
2 **!** Vale. ¿Qué tipo de película prefieres ? ... ¿Por qué?
3 Entendido. Pues, háblame un poco de tu película favorita.
4 ¡Qué interesante! ¿Qué otra actividad quieres hacer ahora? ... ¿Por qué?
5 Buena idea.

Candidate's role (4 marks per task)

You are in Spain. You are making plans for the evening. You are not keen on horror films.

a Tu reacción a la invitación y tu razón
b **!**
c Tres detalles de tu película favorita
d Otra actividad y tu razón

Your teacher will play the part of your Spanish friend and will speak first. The exclamation mark **!** indicates that you will have to respond to something which you have not prepared.

Mi ciudad/mi pueblo

¿Dónde vives? ¿De dónde eres?
Vivo en Gran Bretaña. Soy de Londres.
Vivo en un barrio de una ciudad grande.
Vivo en un pequeño pueblo en el campo.
Es muy tranquilo vivir en las afueras.
La región es bonita y muy turística.
Se puede ir al cine o a la piscina.

My town/my village

Where do you live? Where do you come from?
I live in Great Britain. I come from London.
I live in a district of a big city.
I live in a small village in the country.
It's very quiet living in the suburbs.
The region is pretty and very touristy.
You can go to the cinema or the swimming pool.

Visitar la ciudad

¿Quieres hacer una visita a la ciudad?
Hay muchas cosas que hacer y ver.
¿Cómo podemos ir al centro?
¿Prefieres ir a pie o en bicicleta?
El viaje en autobús dura quince minutos.
Vale la pena ir a la fiesta de baile.
El centro comercial es muy popular.

Visiting the town

Do you want to visit the town?
There are lots of things to do and see.
How can we get into the centre?
Do you prefer to go on foot or by bicycle?
The journey by bus takes fifteen minutes.
It's worth going to the dance festival.
The shopping centre is very popular.

El tiempo que hace

¿Qué tiempo hace hoy (esta mañana)?
Hace buen tiempo (mal tiempo).
Hace mucho sol. Hace bastante calor (frío).
Está nublado (cubierto). / Está despejado.
Llueve en el sur. Nieva en el norte.
Hay niebla (hielo). No hace mucho viento.
Hay chubascos y algunos claros.

What the weather's like

What's the weather like today (this morning)?
The weather is nice (bad).
It's very sunny. It's quite warm (cold).
It's cloudy (overcast). / It's clear.
It's raining in the south. It's snowing in the north.
It's foggy (icy). It's not very windy.
There are showers and some sunny spells.

A vista de pájaro

1 Practise the conversation with a friend, then ask each other the same questions but give answers that apply to you and your region. You could also use the questions to conduct a survey of other members of your class. What are the most common answers?

2 Arrange these summaries of each frame in the correct order: **a** *diversión*; **b** *transporte*; **c** *jardín público*; **d** *campo*; **e** *clima*; **f** *afueras*.

Exam Practice

1 ¡Me encanta vivir aquí!

If you need to say you like 'doing something' in one of your role-play tasks, you should use an infinitive in Spanish, even though the activity in English ends in '-ing'. Use these verbs - *ir jugar salir visitar viajar vivir* - to complete the six sentences in Spanish.

I like ...	Me gusta ...
1 ... living in the town.	... (**a**) ... en la ciudad.
2 ... visiting the country.	... (**b**) ... el campo.
3 ... travelling by car.	... (**c**) ... en coche.
4 ... going to the beach.	... (**d**) ... a la playa.
5 ... going out with friends.	... (**e**) ... con amigos.
6 ... playing football.	... (**f**) ... al fútbol.

Now ask if your friend likes doing these activities:
– ¿Te gusta ...?
After you feel confident about using *Me gusta ...* in the answer, change it to **Me encanta ...** (I love ...), **Prefiero ...** (I prefer ...) or **Odio ...** (I hate ...). You can also suggest alternatives. For example:
– ¿Te gusta vivir en la ciudad?
– No, prefiero vivir en el campo.

 You also use infinitives after adjectives of opinion, although in English we use a verb ending in '-ing'. Match up the following opinions and activities. How would you say them in English?

1 Es tranquilo ...	**a**	... ir al parque de atracciones	
2 Es ruidoso ...	**b**	... quedarse en casa	
3 Es emocionante ...	**c**	... salir con amigos	
4 Es aburrido ...	**d**	... vivir en el campo	
5 Es peligroso ...	**e**	... viajar en metro	
6 Es divertido ...	**f**	... cruzar la calle	

2 ¡Qué interesante!

Some words that end in '-ing' in English are adjectives in Spanish. Match up the following words correctly, then use them in some simple questions and answers with a friend. For example:

¿Te gusta tu barrio?   – No, es muy aburrido.

1 aburrido	**a**	interesting	
2 agotador	**b**	boring	
3 emocionante	**c**	hard-working	
4 espantoso	**d**	tiring	
5 interesante	**e**	frightening	
6 trabajador	**f**	exciting	

3 ¿Qué estás haciendo?

Words ending in '-ing' are part of the **continuous** form of the verb, so if your Spanish friend asks you what you 'are doing' at the moment, *¿Qué estás haciendo?*, you should use the Spanish verb *estar* and the present participle of your verb. It will end in **-ando** (for **-ar** verbs) and **-iendo** (for **-er** and **-ir** verbs). Use the following pictures to practise the questions and answers with a friend. For example:

– ¿Qué estás haciendo?   – Estoy lavando el coche.

lavar

escuchar

comer

beber

escribir

trabajar

In English we sometimes refer to what someone is doing by using only the word ending in '-ing'. In Spanish it's better to use **que** and the simple present tense of the verb. For example: 'I have an uncle **living** in Mexico' would be better in Spanish as *Tengo un tío* **que vive** *en México*. Fill in all the gaps in the following phrases with *que* and a verb.

I have a brother ...	Tengo un hermano ...
... living in Spain	... (**a**) ... en España
... sharing a flat in Seville	... (**b**) ... un piso en Sevilla
... studying Spanish	... (**c**) ... español
... working in a restaurant	... (**d**) ... en un restaurante
... getting married next month	... (**e**) ... el mes que viene

Now try describing an imaginary beach photo. For example: *Ésta es una foto de mi primo* **que toma** *el sol ... de mi perro* **que nada** *en el mar ...*

E x a m   T i p

Keep '-ing' words simple!

There are many situations when English uses words ending in '-ing'. They can be part of a verb or simply adjectives. There are a number of ways of dealing with them in Spanish so make sure you know the differences :
- Use an infinitive for what you 'like doing'
- Use a present participle for what you 'are doing'
- Use adjectives for 'describing' people and things
- Use more interesting words than *interesante*!

Role-play (Foundation/Higher tier)

Teacher's role

1 ¡Hola! ¿Qué estás haciendo?
2 Háblame un poco de tu ciudad
3 ! Y ¿qué prefieres hacer en la ciudad? ... ¿Por qué?
4 ¡Qué interesante!
5 En este momento hace sol.

Candidate's role (3 marks per task)

Your Spanish friend telephones you for a chat before coming to visit you.

a Say you are listening to music.
b Say you like living in the suburbs.
c **!**
d Ask your friend what the weather is like in Spain.

Your teacher will play the part of your Spanish friend and will speak first. The exclamation mark **!** indicates that you will have to respond to something which you have not prepared.

La ciudad y el campo

La vida en la ciudad es muy animada.
Hay mucho tráfico y es bastante ruidoso.
La vida en el campo es más tranquila.
No me gustaría vivir en un pueblo aislado.
Preferiría vivir en una comunidad próspera.
El paisaje es muy verde en Gran Bretaña.
El clima español es mejor que el clima británico.

Town and country

Life in the town is very lively.
There's a lot of traffic and it's fairly noisy.
Life in the country is quieter.
I wouldn't like to live in an isolated village.
I'd like to live in a thriving community.
The countryside is very green in Great Britain.
The climate in Spain is better than the climate in Britain.

Fiestas importantes

¿Qué fiestas celebras en tu familia?
Celebramos la Navidad y el Año Nuevo.
Adornamos la casa y mandamos tarjetas.
Hay una gran reunión de toda la familia.
Nos hacemos regalos los unos a los otros.
Preparamos una cena especial.
Me encanta ver los fuegos artificiales.

Important festivals

What festivals do you celebrate in your family?
We celebrate Christmas and the New Year.
We decorate the house and send cards.
There's a great family reunion.
We give each other presents.
We prepare a special meal.
I love watching the fireworks.

Pronósticos del tiempo

¿Cuál es el pronóstico para mañana?
Hará un tiempo variable pero bastante agradable.
Después de brumas matinales habrá sol.
Los vientos del noroeste serán fuertes.
Las temperaturas van a subir (bajar) un poco.
¿Qué tiempo hizo durante tus vacaciones?
Hizo mucho sol. / Llovió todos los días.

Weather forecasts

What is the forecast for tomorrow?
It will be changeable but quite pleasant.
After morning mist it will be sunny.
The north-westerly winds will be strong.
The temperatures are going to rise (fall) slightly.
What was the weather like during your holidays?
It was very sunny. / It rained every day.

Nochebuena

1 When practising this dialogue and presenting it in front of your class, sing each speech bubble to a different carol melody!

2 Each frame contains a different question word in Spanish. Here is the meaning of each one. Arrange them in the order they appear in the story: **a** why?; **b** where?; **c** when?; **d** where to?; **e** how?; **f** what?

Exam Practice

1 Ayer, hoy, mañana …

One of the most common topics of conversation is the weather - what it was like on holiday, what it's like at the moment, and what it'll be like tomorrow, for example. Use the pictures below to practise talking about the weather with a friend. As you feel more confident, swap the tenses around at random, and try to catch your friend out!

Start with today (**hoy**):

 – ¿Qué tiempo hace?   – Hace …

Talk about yesterday (**ayer**):

 – ¿Qué tiempo hizo?   – Hizo …

Look ahead to tomorrow (**mañana**):

 – ¿Qué tiempo hará?   – Hará …

1 buen tiempo

2 mal tiempo

3 sol

4 calor

5 frío

6 viento

 Now apply the above weather descriptions to the seasons and months below, making sure you use the different tenses in your questions and answers.

en primavera	abril pasado
en verano	este mes
en otoño	el septiembre que viene
en invierno	en enero

2 Rain, rain, go to Spain …

Or so the old saying says! It's more complicated to talk about the rain in Spanish. First of all, remember that you don't use *hace* …! Simply use the verb ***llover*** on its own. Look at all the different tenses you could use! Match up the Spanish and the English, and identify all the tenses if you can. Then learn them thoroughly and ask a friend to test you on them.

1	está lloviendo	**a**	it rained
2	llueve	**b**	it had rained
3	llovió	**c**	it is raining
4	lloverá	**d**	it is going to rain
5	llovía	**e**	it has rained
6	había llovido	**f**	it will rain
7	ha llovido	**g**	it rains
8	va a llover	**h**	it was raining

3 ¡Depende del tiempo!

The weather is often a major factor when we decide whether to do something or not. So words like **si** … (if), **cuando** … (when) and **porque** … (because) are used a lot. Practise using these words in the following situations. Study the examples, then ask your friend the questions and use a weather phrase in the answer.

a Si …
(+present tense)

 – ¿Vas mucho al parque?
 – Voy al parque si hace buen tiempo.

¿Nadas en el mar?
¿Llevas una bufanda?
¿Vas al instituto a pie?
¿Cortas la hierba?

b Cuando …
(+preterite tense)

 – ¿Fuiste a la playa?
 – Fui a la playa cuando hizo sol.

¿Hiciste windsurf?
¿Bebiste limonada?
¿Comiste al aire libre?
¿Hiciste un viaje en globo?

c Porque …
(+simple future
or future tense)

 – ¿Quieres dar un paseo?
 – No, porque va a llover.

¿Quieres merendar en el campo?
¿Te gustaría jugar al tenis?
¿Vas a ponerte el bañador?
¿Harás camping en agosto?

 Invent some other questions for each of the above situations and try to extend the answers by adding an opinion (***creo que … / pienso que … / según el pronóstico …***), by giving more details about the time (***en junio … / en invierno … / por la tarde***) or by suggesting an alternative (***pero si … / pero cuando … / pero más tarde …***)

Role-play (Higher tier)

Teacher's role

1 Háblame de tus vacaciones del año pasado
2 Describe el lugar que visitaste
3 ❗ ¿Te gustaría volver allí el año próximo? … ¿Por qué (no)?
4 No me sorprende. Y ¿qué fiestas prefieres celebrar? … ¿Por qué?
5 ¡Qué interesante!

Candidate's role (4 marks per task)

You are talking about holidays and festivals with your Spanish friend.

a Tus vacaciones del año pasado – el lugar y el tiempo
b Una descripción del lugar (tres detalles)
c ❗
d Tu fiesta favorita y tu razón

Your teacher will play the part of your Spanish friend and will speak first. The exclamation mark ❗ indicates that you will have to respond to something which you have not prepared.

¿Dónde está?

¿Dónde está la oficina de turismo?
¿Tiene usted un plano del centro de la ciudad?
El museo está al lado del ayuntamiento.
El parque está enfrente de la iglesia.
La cafetería está entre el cine y el teatro.
El banco está en la esquina de la calle.
La estación de autobuses está al final de la calle.

Where is it?

Where is the tourist information office?
Have you got a map of the town centre?
The museum is next to the town hall.
The park is opposite the church.
The cafe is between the cinema and the theatre.
The bank is on the corner of the street.
The bus station is at the end of the street.

¿Por dónde se va allí?

¿Por dónde se va a la catedral (al castillo)?
Tuerza a la derecha (a la izquierda) en el cruce.
Tome la primera (segunda) calle a la derecha.
Siga todo recto hasta los semáforos.
Primero, cruce la calle (la plaza, el puente).
Después, hay que subir (bajar) esta calle.
No lo sé. Más vale preguntar a otra persona.

How do you get there?

Can you tell me the way to the cathedral (castle)?
Turn right (left) at the cross-roads.
Take the first (second) street on the right.
Go straight on as far as the traffic lights.
First of all, cross the road (the square, the bridge).
Next, you have to go up (go down) this street.
I don't know. It's better to ask someone else.

¿Está lejos?

¿Hay una panadería cerca de aquí?
¿Está lejos la piscina (el polideportivo)?
¿Cuánto tiempo se tarda en llegar al hotel?
Correos está a cinco minutos andando.
Sería mejor (más rápido) coger el autobús.
La playa está a unos dos kilómetros en coche.
El camino más directo es por aquí (por allí).

Is it far?

Is there a baker's shop near here?
Is the swimming pool (sports centre) far away?
How long does it / will it take to get to the hotel?
The Post Office is five minutes' walk away.
It would be better (quicker) to take the bus.
The beach is about 2 kilometres away by car.
The most direct route is this way (that way).

El laberinto

1 Using the space in between the desks, you could recreate the maze. In a group, work out the probable route from the entrance, round the statue, to the finishing point. Act it out to the rest of the class and see if they agree with you!

2 Arrange these pictures in the correct order, then use them to practise the conversation without looking at the text.

a   b   c   d  e   f

Exam Practice

1 ¿Por dónde se va?

To ask someone the way in Spanish, it helps to know the gender of the place you're looking for.

Two of the following places are masculine, two are feminine and two are also plural. Which of the words **el**, **la**, **los**, **las** identifies each one?

bolera   servicios   tiendas   castillo

Since you want to go 'to' these places, you'll need to use the Spanish word **a** (to). This is quite straightforward except in the case of a masculine singular word.

When **a** comes before **el** they combine to become **al**.

– ¿Por dónde se va **a la** bolera?

– ¿Por dónde se va **al** castillo?

Now practise asking the way to each of these places. Remember to check the gender of the word if you're not sure.

piscina	catedral	hospital	gimnasio	parque	
teléfonos	cine	cafetería	duchas	dormitorios	

 For compound nouns, it is the gender of the first noun that matters. The 'ice rink', for example, is *la pista de hielo*, so to ask the way 'to' the ice rink you would say:

– ¿Por dónde se va **a la** pista de hielo?

Now ask the way to these places:

centro de la ciudad	club para jóvenes	museos de arte
oficina de turismo	estación de autobuses	salas de juegos

2 ¡Por aquí!

It is important to be clear when you are giving directions. Match the instructions **a - h** to the symbols **1 - 8**.

a tome la primera a la izquierda	**e** tuerza a la derecha
b tuerza a la izquierda	**f** tome la primera a la derecha
c siga todo recto	**g** tome la segunda a la izquierda
d tome la segunda a la derecha	**h** cruce la calle

1   2   3   4   5   6   7   8

3 ¿Está lejos?

Study the street map below and take it in turns with a friend to ask for and give directions to the places shown, starting from the arrow. For example:

– ¿Por dónde se va al banco?

– Siga todo recto y tuerza a la derecha.

 Add some extra helpful information to the instructions, such as where the place is exactly (e.g. *cerca de los semáforos, enfrente de la farmacia, al lado de la rotonda*) and give some idea how far away it is (e.g. *está a unos doscientos metros*) or how long you think it would take to get there (e.g. *está a dos minutos andando*).

E x a m   T i p

The little word *a* means 'to'

Little words matter when you're trying to make your meaning clear. If your task involves going 'to' a place then you'll need the Spanish word **a**. If it's the name of a country (e.g. *España*) or a town (e.g. Barcelona) that's all you need, but if it's any other sort of place, remember the rules:

* Use **al** when going to a place that's masculine singular
* Use **a la** when going to a place that's feminine singular
* Use **a los** when going to a place that's masculine plural
* Use **a las** when going to a place that's feminine plural

Role-play (Foundation tier)

Teacher's role

Estás en el centro de tu ciudad.
Yo soy un turista español / una turista española.

1 Perdón, por favor, ¿hay un banco cerca de aquí?
2 ¿Por dónde se va allí?
3 ¿Está lejos?
4 Muchas gracias.
5 No, pero voy a comprar uno.

Candidate's role (2 marks per task)

A Spanish tourist stops you in your home town centre and asks for directions.

a Say there's a bank opposite the church.
b Tell the tourist to take the first street on the right.
c Say it's about 300 metres away.
d Ask if the tourist has a map.

Your teacher will play the part of the Spanish tourist and will speak first.

En la tienda

¿A qué hora se abre (se cierra) la tienda?
¿Dónde está la sección de regalos (deportes)?
¿Hay un ascensor que suba a la cuarta planta?
¿En qué puedo servirle? ¿Qué desea?
Quisiera comprar (.....). También quiero (.....).
¿Se vende pan (Se venden periódicos) aquí?
¿Tiene usted (.....)? ¿Puedo ver (.....)?

In the shop

What time does the shop open (close)?
Where is the gifts (sports) section?
Is there a lift up to the fourth floor?
How can I help you? What would you like?
I would like to buy (.....). I also want (.....).
Do they sell bread (newspapers) here?
Have you got (.....)? Can I see (.....)?

Detalles de la compra

¿Qué busca usted exactamente?
Busco un recuerdo de mi visita.
¿Qué le parece esta camiseta?
¿Qué talla usa usted? – Uso la cuarenta.
¿Cuánto le pongo?
Deme un kilo (doscientos gramos) de (.....).
Necesito un paquete (una botella) de (.....).

Details of the purchase

What exactly are you looking for?
I'm looking for a souvenir of my visit.
What do you think of this T-shirt?
What size do you take? - I take size 40.
How much can I get you?
Give me a kilo (200 grams) of (.....).
I need a packet (bottle) of (.....).

¿Comprar o no?

¿Puedo probarme el chandal, por favor?
No me gusta el color. ¿Lo tiene en azul?
Creo que es demasiado caro (grande).
¿Tiene usted algo más barato (pequeño)?
¿Algo más? – No gracias, nada más. Es todo.
Me va bien. Me lo quedo. ¿Cuanto es?
¿Puede usted envolverlo para regalo?

To buy or not to buy?

Can I try on the track suit, please?
I don't like the colour. Have you got it in blue?
I think it's too expensive (big).
Have you got anything cheaper (smaller)?
Anything else? - No thanks, nothing else. That's all.
It suits me. I'll take it. How much is it?
Can you gift-wrap it?

La merienda

1 Try practising this conversation in the style of you and your friend's favourite pair of stand-up comedians.
Present it to the rest of the class and see if they can work out who you are!

2 Arrange these pictures in the correct order, then use them to practise the conversation without looking at the text.

a   b  c  d   e   f

Exam Practice

1 ¿Qué desea?

One of the most common tasks in a role-play situation starts with the words 'Ask for ...' There are several ways of saying this, but notice that they're not actually questions. To ask for a melon in a grocer's shop, for example, you would score marks by using any of the following phrases:

Quiero un melón	I want a melon
Quisiera un melón	I would like a melon
Deme un melón	Give me a melon
Un melón, por favor	A melon, please

This shows that there are often several ways of carrying out a task, so it is worth remembering that marks are awarded for the correct communication of the message, and not just for using one particular phrase. Practise asking for the following items with a friend, using a different phrase each time. The shopkeeper can start by asking **¿Qué desea?**

a pineapple	an ice-cream	a belt	a dictionary	a T-shirt
two oranges	a biro	a lemonade	a fan	six bananas

A similar task is to 'Ask if the shopkeeper has ...' This time you'll have to ask the question **¿Tiene usted ...?** Ask for the following items:

strawberries	onions	postcards	crisps	magazines
grapes	prawns	maps	stamps	sun glasses

Another common task is say you are 'looking for' something. Simply use **Busco ...** and the name of the item. Notice that the word 'for' is not needed in Spanish. For example: *Busco unos chocolates para mi familia* (I'm looking for some chocolates for my family). Now practise 'looking for' these items:

a CD for your brother	a T-shirt for your best friend
a book for your Dad	a perfume for your Mum

2 ¿Cuánto le pongo?

It's often necessary to state the quantity you want.

Ask for the appropriate quantities of the following items in Spanish:

ham	cheese	mineral water	carrots
lemonade	milk	rice	tomato juice

Role-play (Foundation/Higher tier)

Teacher's role

1 Buenos días. ¿En qué puedo servirle?
2 ¿Qué tipo de regalo prefiere usted?
3 Y ¿cuánto dinero quiere usted gastar?
4 **!** ¿Le gusta ésta en azul? ¿Por qué (no)?
5 Estoy de acuerdo.

 Quantities are sometimes measured by container. Match up all these phrases correctly, then use them to to describe quantities of the items below:

1	un paquete de ...		**a**	a tube of ...
2	una botella de ...		**b**	a packet of ...
3	un bote de ...		**c**	a box of ...
4	una caja de ...		**d**	a tin of ...
5	una lata de ...		**e**	a bottle of ...
6	un tubo de ...		**f**	a jar of ...

crisps	cider	red wine	sweets	chocolates
toothpaste	sardines	biscuits	jam	peaches

Role-play (Foundation tier)

Teacher's role

Estás en una tienda en España.
Yo soy el dependiente / la dependienta.
1 ¿Qué desea?
2 Tenga. ¿Algo más?
3 Sí. ¿Cuánto le pongo?
4 En seguida.
5 Son trescientas pesetas.

Candidate's role (2 marks per task)

You go in a shop in Spain to buy some groceries.
a Ask for a litre of milk.
b Ask if the shopkeeper has any pears.
c Ask for half a kilo.
d Ask how much it is.

Your teacher will play the part of the shop assistant and will speak first.

 E x a m   T i p

Know how to ask for and look for!

If you see the instruction to ask for something, think carefully what you would say in English before attempting the Spanish. You may not have to ask a question at all. And if your task is to say you're looking for something, forget the word 'for' in the Spanish!

- 'Ask for ...' means you say **Quiero** or **Quisiera** ...
- Remember to revise all the expressions of quantity
- 'Say you're looking for ...' means you say **Busco** ... you don't need to translate the English word 'for'

Candidate's role (3 marks per task)

You go into a gift shop in Spain.

a Say you are looking for a souvenir for your family.
b Ask if you can see some towels.
c Say you only have 2000 pesetas.
d **!**

Your teacher will play the part of the shopkeeper and will speak first. The exclamation mark **!** indicates that you will have to respond to something which you have not prepared.

Buscar algo especial
Busco un regalo de cumpleaños especial.
¿Para quién es? – Es para mi amigo/a.
¿Puede usted recomendar algo de precio moderado?
Me gusta el estilo. Está muy de moda.
He visto uno más grande en el escaparate.
¿De qué es? Es de oro (seda, cuero).
No estoy seguro/a. ¿Tiene usted vale-regalos?

Looking for something special
I'm looking for a special birthday present.
Who's it for? - It's for my friend.
Can you recommend something inexpensive?
I like the style. It's very fashionable.
I've seen a bigger one in the shop window.
What's it made of? It's made of gold (silk, leather).
I'm not sure. Have you got gift vouchers?

Antes de comprar
¿Cuál de estos dos prefieres?
El más grande me parece mejor.
¿Es de alta calidad? ¿Tiene garantía?
¿Será posible cambiarlo si no conviene?
No me gusta hacer cola para pagar.
¿Hay un descuento con esta tarjeta?
¿Aceptan ustedes cheques de viaje?

Before buying
Which of these two do you prefer?
The biggest one seems best.
Is it high quality? Does it have a guarantee?
Will it be possible to change it if it doesn't suit?
I don't like queuing up to pay.
Is there a discount with this card?
Do you accept traveller's cheques?

Después de comprar
Quisiera devolver esta chaqueta.
¿Por qué? ¿Cuál es el problema exactamente?
Hay un agujero en el bolsillo (la manga).
Falta un botón. La cremallera está rota.
¿Puede usted reembolsar el dinero?
Compré este reloj ayer. Aquí está el recibo.
No funciona. ¿Puede usted reparármelo?

After buying
I'd like to return this jacket.
Why? What exactly is the problem?
There's a hole in the pocket (the sleeve).
There's a button missing. The zip is broken.
Can you give me the money back?
I bought this watch yesterday. Here's the receipt.
It's not working. Can you repair it for me?

La escoba

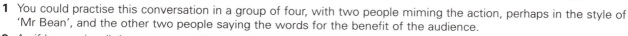

1 You could practise this conversation in a group of four, with two people miming the action, perhaps in the style of 'Mr Bean', and the other two people saying the words for the benefit of the audience.

2 As if by magic, all the consonants have vanished from these words. Write them out and add the missing letters to reveal a key word for each frame of the cartoon strip, then arrange them in the correct order.

a) a _ _ o _ _ _ a; **b)** _ i _ e _ o; **c)** e _ _ o _ a; **d)** _ a _ e - _ e _ a _ o; **e)** _ e _ i _ o; **f)** _ u e _ a.

Exam Practice

1 ¿Qué busca exactamente?

If your Higher tier role-play situation involves buying a gift, you may be asked to give full details of exactly what you're looking for. So be prepared to discuss the colour, size, style and price of what you want to buy.

El color

Work with a friend to put these colours into alphabetical order. Say the first one, then ask your friend to say the next one, and so on. How long does it take, and who makes the first mistake? Finally, match up the Spanish and the English and make sure you know the meaning of the words in brackets.

1	blanco	5	azul (marino)	9	rosa
2	negro	6	marrón (oscuro)	10	lila
3	amarillo	7	verde (claro)	11	naranja
4	gris	8	rojo (vivo)	12	morado

a	black	d	green	g	orange	j	red
b	blue	e	grey	h	pink	k	white
c	brown	f	lilac	i	purple	l	yellow

El tamaño y la forma

Here are some words to describe size and shape.
Match up the Spanish and the English correctly.

1	grande	5	corto	9	grueso
2	largo	6	cuadrado	10	estrecho
3	redondo	7	mediano	11	puntiagudo
4	pequeño	8	ancho	12	enorme

a	short	d	medium	g	square	j	huge
b	big, large	e	round	h	small	k	wide
c	pointed	f	long	i	thick	l	narrow

El estilo

There are many ways of describing the style of an item.
Match up the Spanish and the English correctly.

1	muy de moda	5	ajustado	9	holgado
2	tradicional	6	de lunares	10	de cuadros
3	de rayas	7	estampado	11	liso
4	con un logotipo	8	con una insignia	12	elegante

a	striped	d	spotted	g	with a badge	j	patterned
b	with a logo	e	fashionable	h	traditional	k	smart
c	plain	f	tight	i	checked	l	loose, baggy

2 Comprar un recuerdo

Use this flow chart to create a conversation between a tourist and a shop assistant in a Spanish souvenir shop. The aim is to discuss different details about the purchase including colour, style, size and price. The customer and the assistant can ask questions and make suggestions. The outcome will depend on the decisions made, and it is possible to be a helpful or unhelpful shop assistant, or a fussy customer! When you have completed your conversation, present it to the rest of the class for their comments.

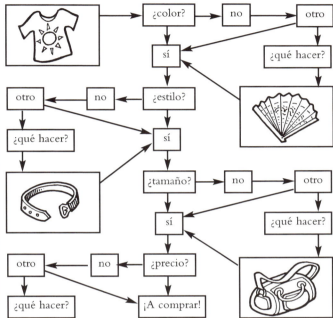

Role-play (Higher tier)

Teacher's role

1 Buenos días. ¿En qué puedo servirle?
2 ¿Cuál es el problema exactamente?
3 ! Lo siento pero no tenemos otros como éste. ¿Qué quiere usted hacer?
4 De acuerdo. Y ¿cuál sería su recuerdo de España ideal? ¿Por qué?
5 ¡Qué interesante!

Candidate's role (4 marks per task)

You bought a belt for your Spanish friend. You go back to the shop where you bought it because there is a problem with it.

a Detalles de la compra – qué y cuándo
b Dos detalles del problema
c !
d Tu recuerdo de España ideal, y tu razón

Your teacher will play the part of the shopkeeper and will speak first. The exclamation mark ! indicates that you will have to respond to something which you have not prepared.

En Correos

Quisiera mandar esta carta a Gran Bretaña.
¿Cuánto cuesta mandar esta postal?
Es urgente. Tarifa normal (en avión), por favor.
Deme cinco sellos de setenta pesetas.
¿Cuántos días tardará el paquete en llegar?
¿Dónde está el buzón?
¿A qué hora es la próxima recogida?

In the Post Office

I'd like to send this letter to Great Britain.
How much is it to send this post card?
It's urgent. First class (by airmail), please.
Give me five 70 peseta stamps.
How long will the parcel take to arrive?
Where is the post box?
What time is the next collection?

Al teléfono

¿Hay un teléfono cerca de aquí?
¿Puedo llamar a Gran Bretaña?
¿Cuál es su número de teléfono?
Es el quince, ochenta y cuatro, cero seis
Hola. Soy Teresa. ¿Puedo hablar con María?
Un momentito ... lo siento pero no está.
Volveré a llamar más tarde.

On the telephone

Is there a telephone near here?
Can I telephone Great Britain?
What's your telephone number?
It's 15 84 06.
Hello. It's Teresa. Can I speak to María?
Just a moment ... I'm sorry but she's not in.
I'll call back later.

Dejar un recado

¿Dígame? Hotel Central. ¿Cómo puedo ayudarle?
Quisiera hablar con el director, por favor.
Su línea está comunicando.
¿Puedo dejarle un recado?
Dígale que le ha llamado Pilar González.
Le mandaré la información por fax.
Recibí el documento por correo electrónico.

Leaving a message

Hello. Central Hotel. How can I help you?
I'd like to speak to the manager, please.
His line is engaged.
Can I leave him a message?
Tell him that Pilar González called.
I'll send him the information by fax.
I received the document by e-mail.

Los agentes secretos

1 This situation needs to be acted out in a group of four. As you stage the scene remember that the two spies don't realise that they're both in exactly the same building!

2 Unscramble the letters in these anagrams and put the words they form into the order they appear in the cartoon.
a *lessol*; **b** *nubóz*; **c** *ípsea*; **d** *credoa*; **e** *namard*; **f** *guterne*.

Exam Practice

1 Postales de España

Buying and sending postcards is a traditional thing to do on holiday, and a common role-play task. Use the Spanish word **de** to ask for a postcard 'of' something. If **de** is followed by **el** (the masculine form of 'the') the two words combine to become **del**. Describe each of these postcards starting with:

– Es una postal de ...

	singular	plural
masculine	del	de los
feminine	de la	de las

| 1 playa | 2 jardines | 3 castillo | 4 montañas |

Now work with a friend to practise asking for postcards of each of the following places. The shopkeeper could ask *¿Quiere usted una postal de la catedral?*, the customer could reply *No gracias, quiero una postal del parque*. Check whether the words are masculine or feminine if you need to.

catedral	calles	hotel	plaza
puerto	barcos	cuevas	fiesta
parque	río	mercado	costa

 If you want to send a postcard of a named town, region, island or country, just use the word **de** on its own, and remember, it doesn't change in front of a vowel! Practise asking for postcards of these places:

Madrid Alicante Tenerife Mallorca Andalucía Cataluña

2 Sellos españoles

Revise your numbers thoroughly before buying stamps. See page 76 to avoid being at sixes and sevens with your sixties and seventies, not to mention a few other tricky numbers! Remember the values are in pesetas. For example:

– Quisiera dos sellos de sesenta y cinco pesetas.

2 x	4 x	1 x	3 x

 Now invent some quantities of stamps and their values, and practise asking for them with your partner. What questions could the shopkeeper ask?

3 Los números de teléfono

Spanish telephone numbers often have six digits, and it's usual to say them in pairs. Practise saying these telephone numbers and ask a friend to identify each one. For example:

– ¿Cuál es su número de teléfono?
– Es el veintiuno, cero seis, cincuenta y cuatro.

a 86 – 15 – 30	**b** 59 – 40 – 78	**c** 25 – 12 – 21
d 59 – 14 – 62	**e** 21 – 06 – 54	**f** 59 – 14 – 62

 Now invent some other phone numbers for your friend to work out.

4 ¿De dónde? ¿De quién?

When postcards, letters and parcels arrive everybody wants to know who and where they've come from. Practise with a friend asking about these items. For example:

– ¿De quién es el paquete?   – Es de mi primo.
– ¿De dónde es la postal?   – Es de Málaga.

el paquete		mi amigo
el regalo	**Barcelona**	mi amiga
la carta		mis abuelos
la postal	*M é x i c o*	mi primo
el fax	M á l a g a	mi hermana
el recado		mis tíos

 If you need to say 'from' one date or time 'until' another, use the words **desde** and **hasta**.
For example:
– Voy a España desde el quince hasta el veinte de agosto.
– Tenemos matemáticas desde las nueve hasta las diez.

Invent a few other similar phrases of your own.

E x a m   T i p

de means 'of' and 'from'

If your task involves saying 'of' or 'from' then use the Spanish word **de**. If it's the name of a country (e.g. *España*) or a town (e.g. *Barcelona*) or a region (e.g. *Andalucía*) or an island (e.g. *Mallorca*), that's all you need, but if it's any other sort of place, remember the rules:

- Use **del** with a word that's masculine singular
- Use **de la** with a word that's feminine singular
- Use **de los** with a word that's masculine plural
- Use **de las** with a word that's feminine plural

Role-play (Foundation tier)

Teacher's role

Estás en una oficina de Correos en España.
Yo soy el empleado / la empleada.
1 Buenos días. ¿Dígame?
2 Sí, señor / señorita.
3 Tenga. ¿Qué hay en la foto?
4 Ah, sí. Es muy popular.
5 Claro. Al lado de la entrada.

Candidate's role (2 marks per task)

You are in a post office in Spain.

a Say you want to send a postcard to Great Britain.
b Ask for a stamp at 75 pesetas.
c Say it's a postcard of the market.
d Ask if there's a telephone near here.

Your teacher will play the part of the assistant and will speak first.

Cambiar dinero

¿Dónde está la oficina de cambio más cercana?
Quisiera cambiar treinta libras esterlinas.
¿A cuánto está la libra hoy?
¿Cuánta comisión cobran ustedes?
¿Dónde tengo que firmar el cheque de viaje?
Deme algunos billetes de mil pesetas, por favor.
Necesito algunas monedas de cien pesetas.

Changing money

Where is the nearest currency exchange office?
I'd like to change £30 sterling.
What is the exchange rate for the pound today?
How much commission do you charge?
Where do I have to sign the traveller's cheque?
Give me some 1000 peseta notes, please.
I need some 100 peseta coins.

Objetos perdidos

He perdido mi monedero (mi paraguas).
¿Dónde y cuándo lo perdió usted?
Lo perdí en la estación esta mañana.
Creo que dejé mi bolsa en el restaurante.
¿Cómo es la bolsa? Describa la bolsa.
Es de cuero marrón y lleva mi nombre.
Dentro están mi pasaporte y una máquina fotográfica.

Lost property

I've lost my purse (my umbrella).
Where and when did you lose it?
I lost it in the station this morning.
I think I left my bag in the restaurant.
What's the bag like? Describe the bag.
It's made of brown leather and has my name on it.
In it are my passport and a camera.

Un robo

Alguien me ha robado la bolsa.
¿Puede usted describir al ladrón?
Era alto y tenía el pelo moreno.
Llevaba vaqueros y una chaqueta negra.
¿Qué vio usted exactamente?
El ladrón cogió el dinero de la caja.
Salió de la tienda y se escapó en un coche azul.

A robbery

Someone has stolen my bag.
Can you describe the thief?
He was tall and had dark hair.
He was wearing jeans and a black jacket.
What exactly did you see?
The thief took the money from the till.
He left the shop and escaped in a blue car.

El meteorólogo

 1 What other customised items might the weatherman have lost? A hat or a raincoat, perhaps? Practise the conversation with a friend and try changing the item each time!

2 Find the missing letter in each of these words in the cartoon, then rearrange them to make another key word in the story.
a) _ utobús; **b)** _ erdió; **c)** _ econozco; **d)** _ h; **e)** _ rande; **f)** _ entimental; **g)** _ yer; **h)** c _ ando.

Exam Practice

1 ¿Qué? ¿Dónde? ¿Cuándo?

In a role-play about lost property, you need to say what you lost, where you lost it and when you lost it. Use **mi** (my) for a single item, but **mis** (my) for two or more of the same thing. To indicate an approximate time use **sobre** (about). For example:
– Perdí mi paraguas en el tren ayer, sobre las siete.
Do the others in the same way.

¿Qué?	¿Dónde?	¿Cuándo?
		ayer 7:00
		anoche 11:00
		esta mañana 10:30
		esta tarde 4:00

If the person in the lost property office asks a specific question ¿Dónde perdió usted su monedero? (Where did you lose your purse?) you can answer without repeating the word monedero by saying **Lo** perdí en el supermercado (I lost **it** in the supermarket). So, el monedero, a masculine noun, has been replaced by **lo** which now goes in front of the verb. Remember to replace a feminine noun with **la**, and plural nouns with **los** or **las**. Remember also that the assistant should say **su** (your) when referring to a single item and **sus** (your) when referring to two or more of the same thing. Practise asking and answering questions about the above items of lost property using an object pronoun in your answer each time.

Now invent some more questions and answers of your own to practise the object pronouns correctly. Change the place and time the items were lost, too. Here are some suggestions. Remember to check the gender of each item if you're not sure!

jersey	maleta	pendientes	máquina de fotos
reloj	patines	pasaporte	discos compactos
toalla	postales	sombrero	gafas de sol

2 ¿Cómo es? ¡Descríbalo!

You will usually have to describe what you have lost, so be prepared to give full details. Apart from its size, shape and style (see page 47), you could mention what it is made of and what it contains. First of all give the correct meanings of each of these materials:

1	algodón		**a**	wool
2	cerámica		**b**	silver
3	cuero / piel		**c**	cotton
4	lana		**d**	gold
5	madera		**e**	leather
6	oro		**f**	silk
7	plata		**g**	ceramic
8	seda		**h**	wood

Now practise describing the items below. If your friend asks ¿Cómo es el cinturón? (What's the belt like?) you can answer by saying Es de cuero (It's made of leather). Notice that the word cinturón has not been used in the answer. That's because **es** means 'it is'. You don't need a special word for 'it' because that's already included in the verb. Similarly the question ¿Cómo son los anillos? (What are the rings like?) can be answered by saying Son de oro (They're made of gold). Once again, you don't need a special word for 'they' because that's already included in the verb, **son**.

cinturón	camiseta	jersey	anillos
muñeca	caja	pañuelos	pulsera

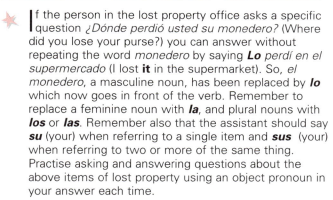

E x a m   T i p

Lose the subject and find the object!

To save repeating your nouns, you can often omit them altogether, or replace them with a pronoun. In English the words 'it' and 'they' can be the subjects of a sentence, but in Spanish you don't need any word at all! In English the words 'it' and 'them' can be the objects in a sentence but they go in a different position in Spanish!

- Just use the verb if the **subject** of the sentence is 'it'
- Just use the verb if the **subject** of the sentence is 'they'
- Use **lo** or **la** in front of the verb if the **object** is 'it'
- Use **los** or **las** in front of the verb if the **object** is 'them'

Role-play (Higher tier)

Teacher's role

1 Buenos días. ¿En qué puedo ayudarle?
2 ¿Cómo es exactamente? Descríbala, por favor.
3 Y ¿qué hay dentro?
4 ! Y ¿puede usted describir a la persona que la cogió?
5 Gracias. Trataremos de recuperarla.

Candidate's role (4 marks per task)

Someone has stolen your bag on the beach in Spain. You go to the police station to report it.

a Qué, dónde y cuándo
b Descripción del artículo (tres detalles)
c Tres detalles del contenido
d !

Your teacher will play the part of the police officer and will speak first. The exclamation mark ! indicates that you will have to respond to something which you have not prepared.

Viajar en la ciudad

¿Dónde está la estación de metro más cercana?
No está lejos. Está a dos minutos andando.
No vale la pena ir en coche. Es difícil aparcar.
Hay un autobús directo cada veinte minutos.
La parada de autobús está cerca de mi casa.
Se puede ir en bicicleta, pero hay que llevar el casco.
Sería más rápido (caro) coger un taxi.

Travelling in town

Where is the nearest underground station?
It's not far. It's two minutes' walk away.
It's not worth going by car. It's difficult to park.
There's a direct bus every twenty minutes.
The bus stop is near my house.
You can cycle but you must wear a helmet.
It would be faster (more expensive) to take a taxi.

En la taquilla

¿Hay un tren (un autocar) para Bilbao esta tarde?
Un billete de ida y vuelta para Granada, por favor.
Quisiera un billete de segunda clase.
¿A qué hora sale el próximo tren para Madrid?
¿Tengo que cambiar? ¿A qué hora llega?
¿De qué andén sale el rápido para Málaga?
¿Dónde está la sala de espera (la consigna)?

At the ticket office

Is there a train (coach) to Bilbao this afternoon?
A return ticket to Granada, please.
I'd like a second class ticket.
What time does the next train to Madrid leave?
Do I have to change? What time does it arrive?
What platform does the Málaga express leave from?
Where is the waiting room (left luggage office)?

Durante el viaje

¿Es éste el tren para Barcelona?
¿Puede usted ayudarme con mi maleta?
¿Está libre (ocupado) este asiento?
¡Billetes, por favor! – Tenga.
¿Hay un coche restaurante en el tren?
El autobús lleva quince minutos de retraso.
Quiero bajarme en la próxima parada.

During the journey

Is this the train for Barcelona?
Can you help me with my suitcase?
Is this seat free (taken)?
Tickets, please! - Here you are.
Is there a restaurant car on the train?
The bus is running fifteen minutes late.
I want to get off at the next stop.

El tren del mediodía

1 After practising the conversation as it stands, try changing the situation to that of a city stock broker going off on a business trip. What might his wife bring him when she arrives at the station?

2 Here are some phrases the young woman might say at the end. Put them in the order you think most appropriate and compare your choice with a friend: **a** *¡Qué tonto eres!*; **b** *¡Te quiero para siempre!*; **c** *Ahora quiero un billete de ida y vuelta*; **d** *¡Más vale tarde que nunca!*; **e** *¿Has perdido el horario de los trenes?*; **f** *¿Por qué no me llamaste?*

Exam Practice

1 ¿Cómo prefieres viajar?

Travel is a very common role-play topic, so it's important to understand the question **¿cómo?** (how?) and use the word **en** to say 'by'. Practise talking and exchanging opinions about these methods of transport with a friend. For example:

– ¿Te gusta viajar an avión?
– ¡Sí, me encanta porque es muy rápido!

Opiniones				
rápido	cómodo	peligroso	emocionante	práctico
caro	lento	ruidoso	relajado	divertido

 Add some extra information about the journey such as the destination (e.g. *para ir a España*), the time of year (e.g. *en verano*) or the weather (e.g. *cuando hace buen tiempo*).

2 Un billete, por favor

Here is a typical conversation in the ticket office of a Spanish railway station. Complete each of the traveller's statements with the correct phrase that is missing.

1 – Buenos días. ¿Dígame?
– *Quisiera comprar* .... (**a**) ....

2 – ¿Adónde va usted?
– *Voy* .... (**b**) ....

3 – ¿Cuándo quiere viajar?
– *Quiero salir* .... (**c**) ....

4 – ¿Qué tipo de billete quiere?
– *De ida y* .... (**d**) .... *en segunda* .... (**e**) ....
– *¿A qué hora* .... (**f**) .... *el tren?*

5 – A las cinco y media.
– *Y ¿a qué hora* .... (**g**) .... *en Valencia?*

6 – A las diez y cuarto.
– *¿Cuánto* .... (**h**) .... *el billete?*

7 – Tres mil quinientas pesetas.

a Valencia	cuesta	llega	un billete
clase	esta tarde	sale	vuelta

 Practise the conversation with a friend until you know the traveller's phrases off by heart!

3 En la taquilla

Use this flow chart to make up your own conversations in a Spanish ticket office. Try to do it without the support of the model conversation in the previous question.

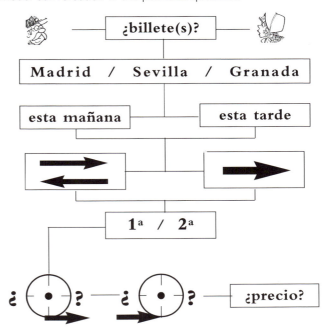

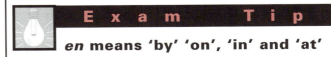

 Extend the conversation with the ticket clerk by asking other questions about the journey for example, do you have to change, or is there a restaurant car? Act out your final version to the class.

E x a m   T i p

en means 'by' 'on', 'in' and 'at'

This very useful little word can be used in a variety of different situations. Pronounce it clearly, and remember:
- Use *en* for 'by' when you're talking about transport
- Use *en* for 'on' when you mean 'on top of' something
- Use *en* for 'in' when you mean 'inside' a thing or a place
- Use *en* for 'at' when you're talking about a place

Remember too there are always special phrases (which don't seem to follow any rule!), such as *a pie* (on foot), *el sábado* (on Saturday), *por la mañana* (in the morning) and *en seguida* (at once)

Role-play (Foundation tier)

Teacher's role

Estás en la estación en España.
Yo soy el empleado / la empleada.

1 Buenos días. ¿Dígame?
2 Sí, a las cuatro y diez.
3 No, es directo.
4 Número cuatro.
5 Está al lado de la consigna.

Candidate's role (2 marks per task)

You go into a railway station in Spain.

a Ask if there is a train to Malaga this afternoon.
b Ask if you have to change.
c Ask what platform the train leaves from.
d Ask where the waiting room is.

Your teacher will play the part of the employee in the ticket office and will speak first.

En la estación de servicio

Treinta litros de gasolina sin plomo, por favor.
¿Puede usted comprobar la presión de los neumáticos?
No hace falta más aire (agua, aceite).
¿Se venden mapas de carreteras aquí?
¿Cuánto cuesta el lavado de coche?
Vale la pena limpiar el parabrisas. Está sucio.
¿Tiene usted una bombilla para el intermitente?

In the service station

30 litres of lead-free petrol, please.
Can you check the tyre pressure?
There's no need for more air (water, oil).
Do you sell road maps here?
How much does the car wash cost?
It's worth cleaning the windscreen. It's dirty.
Have you got a light bulb for the indicator?

Una avería de coche

El coche está averiado. No arranca.
La batería está descargada. El coche tiene un pinchazo.
Los frenos (las luces) no funcionan.
¿Puede usted mandar a un mecánico en seguida?
Es un Seat rojo con matrícula británica.
¿Tiene usted las piezas de recambio necesarias?
El coche está a un kilómetro de la autopista.

A car breakdown

The car has broken down. It won't start.
The battery is flat. The car has a flat tyre.
The brakes (lights) are not working.
Can you send a mechanic straight away?
It's a red Seat with British number plates.
Have you got the necessary spare parts?
The car is one kilometre from the motorway.

Un accidente de tráfico

¿Vio usted el accidente? ¿Qué pasó exactamente?
Un peatón fue atropellado por una camioneta.
Un coche gris chocó con una moto.
Se saltó el semáforo en rojo y no paró.
El motociclista no logró frenar a tiempo.
La calle estaba mojada porque llovía.
El conductor era rubio y llevaba gafas.

A traffic accident

Did you see the accident? What exactly happened?
A pedestrian was knocked down by a van.
A grey car collided with a motor bike.
It jumped the red light and didn't stop.
The motorcyclist didn't manage to brake in time.
The street was wet because it was raining.
The driver was fair-haired and wore glasses.

La cuesta

1 Practise the conversation with a group of friends. Increase the number of witnesses and ask them to add more details. What other questions might the police ask the van driver at the end? Present the extended version to the class.

2 Arrange these symbols of each frame in the correct order.

a   b  c  d   e   f

Exam Practice

1 ¡Qué memoria!

A higher tier role-play might involve giving a police officer details of an accident you have seen. It is likely the tasks will allow you to use your imagination, but you will still have to say exactly what happened, AND give descriptions. Which of the following witness statements refer to a particular moment in an accident, and which give a description?

> **a** El coche chocó con una moto.
> **b** La calle estaba mojada.
> **c** El coche se saltó el semáforo.
> **d** El coche era rojo.
> **e** La moto pasaba la bicicleta.
> **f** El coche frenó rápidamente.
> **g** El motociclista se rompió la pierna.
> **h** El conductor tenía el pelo moreno.

If you're not sure, look carefully at the verbs.
If the statement contains a verb in the **preterite** tense it refers to a **single event**. If the statement contains a verb in the **imperfect** tense it is a **description**.

Here are more statements referring to specific events in an accident. They are all in the preterite tense. Give the correct meaning of each verb from the list below.

> **i** El accidente **ocurrió** en la plaza a las diez.
> **j** El conductor **perdió** el control del coche.
> **k** El autobús **se paró** de repente.
> **l** El camión **torció** a la derecha.
> **m** La camioneta **atropelló** a un peatón.
> **n** La ambulancia **llegó** en seguida.

arrived	knocked down	turned
happened	lost	stopped

Here are more descriptions, all in the imperfect tense. Give the correct meaning of each verb from the list below.

> **o** El motociclista **llevaba** un casco azul.
> **p** El coche **iba** a más de 70 km. por hora.
> **q** El peatón **cruzaba** la calle lentamente.
> **r** **Había** dos personas en el coche.
> **s** El conductor **hablaba** con su pasajero.
> **t** **Llovía** mucho en aquel momento.

was crossing	was raining	was wearing
was going	was talking	there were

Now practise some of these phrases with a friend. The person playing the role of the police officer could ask: *¿Cuándo y dónde ocurrió el accidente? ¿Qué pasó exactamente? Describa el coche / al conductor. ¿Qué tiempo hacía? ¿A cuántos kilómetros por hora iba el coche?* etc. Note down your friend's answers and check them afterwards. You could also present your final version to the rest of the class.

> **Exam Tip**
>
> ### Use the right past tense!
>
> It is useful to be able to refer to the past in some role-play situations, but it is important to know which past tense to use. The two main tenses you should revise thoroughly are the **preterite** tense and the **imperfect** tense. Know how to form them and remember there are irregular forms and spellings, too!
> - Use the preterite tense for single events, or actions, or for activities that have been completed.
> - Use the imperfect tense to give descriptions of people or things, or events that were going on.

Planes para el futuro

¿Qué planes tienes para el futuro?
Quiero seguir estudiando.
Pienso ir a la universidad.
Me gustaría dejar el instituto.
Voy a buscar un trabajo.
Espero tener mucho éxito.
No lo sé todavía. No estoy seguro/a.

Plans for the future

What plans have you got for the future?
I want to carry on studying.
I'm thinking of going to university.
I'd like to leave school.
I'm going to look for a job.
I hope to be very successful.
I don't know yet. I'm not sure.

Las profesiones

¿Qué tipo de trabajo te gustaría hacer?
Quiero ser periodista (piloto, enfermera).
Me gustaría trabajar en equipo.
Espero trabajar en el sector de turismo.
Mi padre es director de una pequeña compañía.
Mi madre es profesora de educación física.
No quiero estar en paro.

Professions

What kind of work would you like to do?
I want to be a journalist (pilot, nurse).
I'd like to work in a team.
I hope to work in the tourist industry.
My father is the manager of a small company.
My mother is a PE teacher.
I don't want to be unemployed.

El trabajo a tiempo parcial

¿Tienes algún trabajo a tiempo parcial?
A veces trabajo de canguro.
Reparto periódicos por la mañana.
Soy dependiente/a en una tienda de discos.
Gano cuatro libras por hora.
Empiezo a las nueve y termino a las tres.
El trabajo es duro pero bastante interesante.

Part time work

Have you got a part time job?
I sometimes do baby-sitting.
I have a morning paper round.
I'm an assistant in a record shop.
I earn £4 an hour.
I start at nine and finish at three.
The work is hard but quite interesting.

Los músicos

1 When you practise this conversation with a friend, mime some different musical instruments in the last scene, and see if others in the group can work out what they are!

2 Solve these anagrams and put the words they form into the order they appear in the cartoon.
   a *oitéx*; **b** *teepass*; **c** *needpineted*; **d** *nearentsite*; **e** *ouridrab*; **f** *slepna*.

Exam Practice

1 En el futuro

Whether it's next weekend or next September, you may have to refer to the future in one of your role-play situations. You can do this quite easily with the verb *ir*. For example:

– ¿Qué **vas a** hacer en el futuro?
  (What are you **going to** do in the future?)

– ¡**Voy a** ganar mucho dinero!
  (I'm **going to** earn lots of money!)

Notice that you need the word *a* and an infinitive after *voy* or *vas*. Choose the correct infinitive from the list below to complete each of the phrases on the left, then match them up with the English meaning on the right.

Voy a …	I'm going to …
(1) … el instituto.	**a** … carry on studying.
(2) … un trabajo.	**b** … work abroad.
(3) … estudiando.	**c** … visit the USA.
(4) … a la universidad.	**d** … learn to drive.
(5) … en el extranjero.	**e** … look for a job.
(6) … a conducir.	**f** … buy a computer.
(7) … los Estados Unidos.	**g** … leave school.
(8) … un ordenador.	**h** … go to university.

aprender	buscar	comprar	dejar
ir	seguir	trabajar	visitar

 Now practise talking about future plans with a friend. Use the question in the example above, but mention a more specific time (e.g. *en el verano, en septiembre, el año que viene*) and give an opinion at the beginning of the answer (*pienso que … / creo que …*)

2 Las profesiones

Most professions have a masculine and a feminine form, so *un profesor* is a male teacher, and *una profesora* is a female teacher. To say what you want to be in the future you need to choose the correct form of the word, but you don't need to use the word *un* or *una*. For example:

– Quiero ser policía.   (I want to be a police officer.)

How long will it take you to put these professions in alphabetical order? Time yourself! What are they in English?

1	profesor/a	6	secretario/a	11	médico
2	actor / actriz	7	dentista	12	dependiente/a
3	enfermero/a	8	futbolista	13	ingeniero/a
4	policía	9	camarero/a	14	recepcionista
5	bombero/a	10	mecánico/a	15	cocinero/a

3 Opciones

If your role-play task is to say you will do something in the future, then use these flow charts to practise the future tense with a friend. Answer each question by putting the verb in the option box into the future. For example:

– ¿Qué har**ás** después de dejar el instituto?
– Ir**é** a la universidad.

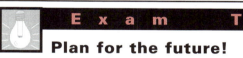

Plan for the future!

There are two main ways to refer to the future in your role-play situations. Both are valid, and are fairly easy to learn and apply to different situations.

• Use the 'pure' future tense of any verb to say 'I will …'
• Use **voy a …** plus any infinitive to say 'I'm going to …' You may have seen this referred to as the 'simple future' or even 'near future' tense

There are also one or two other phrases that can be used to refer to future time, for example:

• Use **espero …** plus an infinitive to say 'I hope to …'
• Use **pienso …** plus any infinitive to say 'I plan to …'

Role-play (Foundation tier)

Teacher's role

Estás hablando de tus planes para el futuro con tu amigo español / amiga española. Yo soy tu amigo/a.

1 ¿Qué planes tienes para el futuro?
2 Y ¿qué harás después?
3 Buena idea.
4 No sé … periodista, quizás ¿y tú?
5 ¡Qué interesante!

Candidate's role (2 marks per task)

You are talking to your Spanish friend about your plans for the future.

a Say you are going to carry on studying.
b Say you will go to university.
c Ask what your friend wants to be.
d Say you hope to work in the tourist industry.

Your teacher will play the part of your Spanish friend and will speak first.

Educación y formación

¿Qué has estudiado en el instituto?
Estudié diez asignaturas en total.
He aprobado todos mis exámenes.
Me suspendieron en diseño gráfico.
Para ser médico tendré que ir a la universidad.
Voy a hacer un curso de formación profesional.
Después de terminar mis estudios iré al extranjero.

Buscar trabajo

Quisiera solicitar el puesto de recepcionista.
Tengo experiencia de tratar con la gente.
Hablo inglés, español y un poco de francés.
Tengo conocimientos de informática.
¿Cuántas horas tendré que trabajar por semana?
¿Cuánto dinero voy a ganar?
¿Cuándo podría empezar?

Las prácticas laborales

¿Has hecho prácticas laborales?
He trabajado en una empresa de ordenadores.
Tenía que tratar con los clientes.
Me llevaba bien con los otros empleados.
Era aburrido hacer recados (repartir el correo).
Fue muy útil porque aprendí muchas cosas.
En el futuro me gustaría hacer algo más importante.

Educacion and training

What have you studied at school?
I studied ten subjects altogether.
I've passed all my exams.
I failed in graphic design.
To be a doctor I'll have to go to university.
I'm going to do a vocational training course.
After finishing my studies I'll go abroad.

Looking for work

I'd like to apply for the job of receptionist.
I have experience of working with people.
I speak English, Spanish and a little French.
I have some knowledge of computing.
How many hours a week will I have to work?
How much money am I going to earn?
When could I start?

Work experience

Have you done any work experience?
I've worked in a computer firm.
I had to deal with the customers.
I got on well with the other staff.
It was boring running errands (distributing mail).
It was very useful because I learnt many things.
In the future I'd like to do something more important.

La entrevista

1 How could this candidate for the job impress the bank manager? Change his answers and present your improved version of the interview to the class.

2 From the cartoon find words or phrases that mean the opposite of the following.
a *difícil*; **b** *antes*; **c** *terminar*; **d** *fatal*; **e** *por favor*; **f** *ningunos*; **g** *estar en paro*; **h** *ocupado*.

Exam Practice

1   El trabajo ideal

If one of your tasks in a higher tier role-play is to say what job you would like most, be prepared to justify your answer. You can do this quite successfully with the conditional tense. For example:

– ¿Qué trabajo te **gustaría** más?
– Me **gustaría** ser periodista porque **sería** interesante.

For some more detailed answers, complete the following reasons with the correct verb.

porque …

(1) … muchos países del mundo.	**a** empezaría
(2) … mi conocimiento de idiomas.	**b** ganaría
(3) … con unos colegas amables.	**c** pasaría
(4) … al trabajo en coche con chófer.	**d** sería
(5) … mucho tiempo al aire libre.	**e** trabajaría
(6) … un salario muy alto.	**f** usaría
(7) … a las once de la mañana.	**g** viajaría
(8) … ideal para mis aptitudes.	**h** visitaría

Now discuss with a friend why you would like to do some of these jobs. Give at least one reason.

 abogado/a   cantante  granjero/a   científico/a

 músico/a   peluquero/a   diseñador/a guía

★ Invent some reasons for jobs you would **not** like to do, and exchange opinions with your friend. Try to use a verb in the conditional tense each time. For example:
– No me **gustaría** ser administrador/a porque **habría** demasiado papeleo.

2   ¿Podría o debería?

If 'would' is part of the conditional tense, 'could' (**podría**) is a verb in its own right, and you need to use an infinitive after it. Practise discussing with a friend what you 'could' do in the following jobs. For example:
– **Podrías tener** mucho éxito como representante.
– Sí, y **podría viajar** al extranjero.

 representante   empleado/a de oficina   periodista

★ Just as 'could' is a verb in its own right, so too is 'should' (**debería**) and you need to use an infinitive after this verb too. Practise discussing with a friend what you 'should' do in the jobs mentioned in he previous task. For example:
– ¿Qué **deberías hacer** como empleado/a de oficina?
– **Debería llegar** a tiempo todos los días.

💡 **E x a m   T i p**

Would be, could be, should be … easy!

The English word 'would' doesn't translate into a Spanish word in its own right. It is part of the conditional tense. 'Could' and 'should' do translate into Spanish verbs in their own right.

• Use the conditional tense of a verb to say 'would …'
• Use **podría** and the infinitive of a verb to say 'could …'
• Use **debería** and the infinitive of a verb to say 'should …'

Lo que prefiero hacer

¿Cómo prefieres pasar tus vacaciones?
Prefiero ir de vacaciones con mis amigos.
Para mí, es importante hacer algo nuevo.
Quiero escaparme de la rutina normal.
Me gustan más las vacaciones activas.
Siempre es interesante conocer a nueva gente.
A veces me quedo en casa.

What I prefer to do

How do you prefer to spend your holidays?
I prefer going on holiday with my friends.
For me, it's important to do something new.
I want to escape from the normal routine.
I much prefer active holidays.
It's always interesting to meet new people.
Sometimes I stay at home

Lugares de interés

¿Adónde prefieres ir de vacaciones?
Me gusta mucho ver sitios nuevos.
Me encanta estar al aire libre.
Es muy interesante viajar al extranjero.
La playa es más divertida que el campo.
Los parques de atracciones son emocionantes.
Hay mucho que hacer en las grandes ciudades.

Places of interest

Where do you prefer to go on holiday?
I really like seeing new places.
I love being out of doors.
It's very interesting to travel abroad.
The beach is more fun than the country.
Theme parks are exciting.
There's lots to do in big cities.

El año pasado

¿Cómo pasaste tus vacaciones el año pasado?
Pasé quince días en los Estados Unidos.
Hicimos camping en el sur de España.
Nos alojamos en un hotel de lujo.
Fuimos a visitar a nuestros parientes en Australia.
Alquilamos un chalé en la Costa del Sol.
¡Lo pasamos estupendamente!

Last year

How did you spend your holidays last year?
I spent a fortnight in the USA.
We went camping in the south of Spain.
We stayed in a luxury hotel.
We went to visit our relatives in Australia.
We rented a villa on the Costa del Sol.
We had a great time!

Los siete enanitos

1 Practise the conversation in a group. There's plenty of opportunity for character acting when you present it to the class!
2 Doc is asking all the questions in this cartoon, so work out which dwarf is answering in each frame, and put them in the correct order. **a** Sleepy; **b** Dopey; **c** Happy; **d** Bashful; **e** Sneezy; **f** Grumpy.

Exam Practice

1 ¿Qué tal tu geografía?

One of the most common mistakes to make in a role-play is to confuse the name of a country (e.g. Spain) with the word for the language they speak there and the adjective (i.e. Spanish). Amazing, but true! Prove that you know the difference by matching up each country with its language.

 Practise with a friend: one person says the country and the other says the language, or one person says *Si vives en* (country) ... and the other replies ... *se habla* (language).

2 ¿Adónde fuiste?

At Foundation tier you should expect to talk about a past holiday, and one of the most useful verbs to use in the preterite tense is ***ir***, which happens to be quite irregular! Practise asking your friend and saying where you went last year.

– ¿Adónde fuiste el año pasado?   – Fui a las montañas.

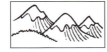
montañas

playa

campo

parque de atracciones

ciudad histórica

extranjero

⭐ **A**dd some more details about your holiday last year by answering questions like these, for example. *¿Con quién fuiste? ¿Cómo fuiste? ¿Qué hiciste allí? ¿Qué tal lo pasaste? ¿Qué tiempo hizo?*

3 ¿Cómo se dice?

You may find that some Spanish words are difficult to pronounce, like ***vacaciones*** (holidays), for example. It is similar to the English word 'vacation', but each letter 'c' is pronounced differently! Here are some tips to help your Spanish pronunciation:

1 Divide long words into small sections (or syllables). Try to start with a consonant each time.
*vacaciones = **va - ca - cio - nes***
Now say each syllable slowly one after the other, then try them a little faster.

2 Pay special attention to these letters:
a, e, i, o, u are all quite short, sharp, clear sounds
b and ***v*** both sound like 'b'
c followed by ***a, o, u*** is a hard sound (as in **c**at)
z and ***c*** followed by ***i, e*** is a soft sound (like 'th' in **th**ink)
cc is a hard 'c' followed by a soft 'c' (as in bla**ck th**read)
g followed by ***a, o, u*** is a hard sound (as in **g**ame)
j and ***g*** followed by ***i, e*** is a sound from the back of your throat, rather like 'h', (but more like the Scottish pronunciation of 'ch' (as in 'Lo**ch** Ness'!)
h is silent (so that's easy!)
r is short in *pe**r**o* (= but) and long in *pe**rr**o* (= dog)

3 English has a different rhythm from Spanish as it tends to stress, or emphasise, the first syllable of a word. In Spanish, this stress comes nearer the END of the word. Remember to stress or emphasise any vowel with an accent on it, and the infinitive endings. Otherwise, the USUAL rule is to put the stress on the vowel sound in the last but one (penultimate) syllable. Try saying these words. The vowel to stress is underlined for you.

> acción; aburrido; aeropuerto; autobús; bicicleta; cerveza; cocina; colección; colegio; debajo; dirección; escocés; Europa; garaje; geografía; hay; hermano; hielo; hijo único; iglesia; inglés; interesante; jardín; jóvenes; juego; llueve; Mediterráneo; muchas veces; paella; película; playa; plaza; ¡socorro!; teléfono; vídeo; volver; ¡buenas vacaciones!

E x a m   T i p

Pronunciation matters!

The character in the cartoon confuses the words *playa* and *plaza*. The one letter difference changes the meaning completely. So:
- Pronounce your words and letters correctly!
- Practise saying things out loud and ask someone to check your pronunciation for you.
- Check how to say the letters of the alphabet on page 76

Role-play (Foundation tier)

Teacher's role

Estás hablando del verano con tu amigo español / tu amiga española. Yo soy tu amigo/a.

1 ¿Cómo pasaste el verano pasado?
2 ¡Qué bien!
3 Estoy de acuerdo.
4 Voy a ir a los Estados Unidos.
5 Muchas gracias.

Candidate's role (2 marks per task)

You are talking to your Spanish friend about the summer.

a Say you went to Spain with your family.
b Say the beach is more fun than the country.
c Ask where your friend is going in August.
d Wish your friend a happy holiday!

Your teacher will play the part of your Spanish friend and will speak first.

En la oficina de turismo

¿Tiene usted un folleto sobre la ciudad?
¿Qué se puede hacer en la región?
Quisiera un plano de la ciudad.
Me hace falta una lista de hoteles.
¿Qué excursiones puede usted recomendar?
¿De dónde sale el autocar?
¿A qué hora vuelve, y cuánto cuesta?

In the tourist office

Have you got a leaflet on the town?
What can you do in the region?
I'd like a plan of the town.
I need a list of hotels.
What excursions can you recommend?
Where does the coach leave from?
What time does it get back, and how much is it?

Costumbres diferentes

¿Qué diferencias hay entre Gran Bretaña y España?
Se suele comer más tarde en España.
En Gran Bretaña se usan menos ajo y aceite.
Se bebe más té en Gran Bretaña.
En España se duerme la siesta después de la comida.
El horario de las tiendas es diferente.
El fútbol es el deporte más popular en los dos países.

Different customs

What differences are there between Great Britain and Spain?
They usually eat later in Spain.
In Great Britain they use less garlic and oil.
They drink more tea in Great Britain.
In Spain they have a nap after lunch.
Shopping hours are different.
Football is the most popular sport in both countries.

Las vacaciones ideales

¿Cómo serían tus vacaciones ideales?
Pasaría todo el tiempo en una playa española.
Saldría de juerga todas las noches.
Me gustaría visitar América Latina.
Preferiría relajarme en una isla del Caribe.
Lo ideal sería ir de vacaciones sin padres.
Si fuera rico/a, daría la vuelta al mundo.

Ideal holidays

What would your ideal holidays be like?
I'd spend all the time on a Spanish beach.
I'd go out partying every night.
I'd like to visit Latin America.
I'd prefer to relax on a Caribbean island.
The ideal thing would be to go on holiday without parents.
If I were rich, I'd go on a tour of the world.

Los recién casados

1 Try acting out this situation in the roles of two famous celebrities. See if the rest of the class can guess who you are!

2 Work out what these words are, and rewrite them in the order they appear in the cartoon. Use the letters in red to make the Spanish word for a popular holiday season.
a otreicn**o**c; **b** ot**e**llof; **c** senoicaca**v**; **d** **n**óisrucxe; **e** et**r**oped; **f** **a**tseif.

Exam Practice

1 ¿Qué se puede hacer?

In any role-play discussion with a Spanish friend about what there is to do in each other's town or region, the phrase **se puede** is very useful. It corresponds to the English phrase 'you can', and needs an infinitive after it. Use these suggestions to practise asking and saying what you can and can't do.

– ¿Qué se puede hacer en tu región?   – Se puede ...

visitar museos

practicar el windsurf

hacer vuelo libre

patinar sobre hielo

ir de pesca

ver espectáculos

 Extend the answers by asking and saying where and when you can do these activities.

– ¿Dónde y cuándo?
– En la costa, en verano.

If it's not possible to do the activity, mention something else that you can do.

... pero se puede hacer montañismo.

2 Se hace así

The word **se** can be used with almost any verb in order to make a general statement about something without referring to anyone in particular. You'll need the third person singular or plural part of the verb. Match the correct answer to each of the following questions. Look up the meanings of any words you don't understand.

1	¿Qué se bebe <u>en Gran Bretaña</u>?	**a**	con huevos
2	¿Cuándo <u>se cena</u> en tu casa?	**b**	en la taquilla
3	¿Con qué se hace <u>la tortilla</u>?	**c**	con doce uvas
4	¿Qué se ve desde <u>la torre</u>?	**d**	té con leche
5	¿Dónde se venden <u>entradas</u>?	**e**	una vista bonita
6	¿Por qué se cierra <u>el parque</u>?	**f**	a la discoteca
7	¿Cómo se celebra <u>el Año Nuevo</u>?	**g**	a las siete.
8	¿Adónde se va para <u>divertirse</u>?	**h**	ya es muy tarde

 Now change the underlined words and phrases **a** - **h** to make some similar questions and see if your friend can answer them correctly! Try to extend the answers and include a different verb in each one.

3 ¡Preparados, listos, ya!

A tourist information office is used to receiving typical as well as unpredictable requests, and they are usually ready to deal with both. You too, can be well prepared for your unpredictable task. Work out what topics these examples might belong to:

1	¿Qué se puede hacer en tu región?
2	¿Qué quieres hacer después de ir a la piscina?
3	No hay mesas libres ahora. ¿Qué quiere hacer?
4	¿Puede usted describir al ladrón?
5	¿Qué planes tiene usted para el resto del día?
6	¿Le gusta Barcelona? ¿Por qué (no)?
7	¿Cómo puedo ponerme en contacto con usted?
8	¿Cómo vamos a ir a la playa? ¿Por qué?
9	¿Qué tipo de vacaciones prefieres? ¿Por qué?
10	¿Qué te parecen los zoos? ¿Por qué?
11	¿Qué vas a hacer en septiembre?
12	¿Qué preguntas tiene usted sobre el empleo?

All the questions are very open-ended, so there are lots of possible answers, but they have a number of things in common. Notice which ones use the verb **hacer** (**1**, **2**, **3**, **11**), ask for an opinion (**6**, **8**, **9**, **10**), refer to future plans (**2**, **5**, **8**, **11**), mention a problem (**3**, **7**), ask for a description (**4**), or ask you to ask questions (**12**). Prepare your own response to the tasks then practise them with a friend. Each answer should contain at least one verb and be as full as possible. Check them with your teacher.

 Think up some more open-ended questions similar to these, and try them out on your friend, too! You may even begin to feel like the examiner!

E x a m   T i p

Be prepared for the unexpected!

By its very nature, the unpredictable task is a kind of surprise, but a little careful planning and preparation should help you to be ready for several possibilities. Have some sensible model answers up your sleeve just in case you have to do one of the following things:

- Suggest activities for - the evening / the weekend / a holiday
- Give your opinions, add some reasons - positive or negative
- Solve a problem, offer a solution, suggest an alternative
- Supply some details - self / others / time / place / transport

Role-play (Higher tier)

Teacher's role

1 ¡Hola! ¿Cuándo puedo visitarte? ¿Por qué?
2 Muy bien. Háblame un poco del horario de comer en tu familia.
3 Vale. ¿Hay mucho que hacer en tu región?
4 ❗ Muy interesante. Y ¿cómo serían tus vacaciones ideales?
5 ¡Qué bien!

Candidate's role (4 marks per task)

Your Spanish friend telephones you to ask if he/she can visit you during the holidays.

a Fecha posible de su visita y tu razón
b Dos detalles del horario de las comidas en tu familia
c Detalles de dos actividades en tu región
d ❗
Your teacher will play the part of your Spanish friend and will speak first. The exclamation mark ❗ indicates that you will have to respond to something which you have not prepared.

Hacer una reserva

¿Tiene usted habitaciones libres?
Quisiera reservar una habitación individual (doble).
Prefiero una habitación con ducha (baño).
¿Está incluido el desayuno?
Quiero media pensión (pensión completa).
¿Cuánto cuesta por persona por noche?
¿Es posible quedarme dos noches?

Making a reservation

Have you got any free rooms?
I'd like to reserve a single (double) room.
I prefer a room with a shower (bathroom).
Is breakfast included?
I want half board (full board).
How much is it per person per night?
Is it possible to stay for two nights?

En la recepción

La llave para la habitación número quince, por favor.
¿A qué hora se sirve el desayuno (la cena)?
¿Puede usted llamarme a las ocho, por favor?
¿Dónde está el comedor (la lavandería)?
¿Hay una piscina en el hotel?
¿Es posible dejar artículos de valor aquí?
Me marcho hoy. ¿Puedo pagar la cuenta?

At reception

The key to room number 15, please.
What time is breakfast (dinner) served?
Can you call me at 8 o'clock, please?
Where is the dining room (laundry room)?
Is there a swimming pool in the hotel?
Is it possible to leave valuables here?
I'm leaving today. Can I pay the bill?

Problemas

Hay un problema. Tengo una queja.
La ducha (la luz, el ascensor) no funciona.
No hay agua caliente (papel higiénico).
¿Puede usted darme unas toallas limpias?
Quisiera otra habitación. Ésta es muy ruidosa.
Lo siento pero hoy no podemos hacer nada.
¿Puedo hablar con el director, por favor?

Problems

There's a problem. I have a complaint.
The shower (light, lift) isn't working.
There's no hot water (toilet paper).
Can you give me some clean towels?
I'd like another room. This one is very noisy.
I'm sorry but we can't do anything today.
Can I speak to the manager, please?

Habitación número 61

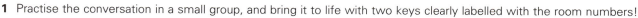

1 Practise the conversation in a small group, and bring it to life with two keys clearly labelled with the room numbers!

2 Like the hotel guest, all the consonants in these words have got lost. Write them out and add the missing letters to reveal a key word in each frame, then arrange them in the order in which they appear in the cartoon strip.
a) a _ _ e _ _ o _; **b)** _ a _ o; **c)** _ _ a _ e; **d)** i _ _ i _ i _ u a _; **e)** _ o _ _ e; **f)** _ o _ _ e _.

Exam Practice

1 Habitaciones libres

Booking a room in a hotel is a fairly common role-play situation. Take turns with a friend to be the receptionist (the numbered parts of the dialogue) and the guest (the parts of the dialogue labelled with a letter), using this flow chart to complete the reservation.

1 Buenos días. ¿Dígame?

a ¿Tiene usted habitaciones libres?

2 ¿Para cuántas personas?

b

3 ¿Cuántas habitaciones necesita usted?

c

doble   individual   con dos camas

4 ¿Qué tipo de habitación quiere usted?

d

ducha   baño   baño completo

5 ¿Para cuántas noches?

e

6 ¿Quiere comer en el hotel?

f

desayuno   comida   cena

7 Vale. Aquí tiene la(s) llave(s).

g Muchas gracias.

Later you return to reception because there are problems with your room.

8 ¿Hay algún problema?

h

(No hay) toalla   papel higiénico   teléfono   agua caliente

9 ¿Algo mas?

i

(No funciona) llave   luz   calefacción   televisión

10 Lo siento mucho. Vamos a cambiar la habitación.

Role-play (Foundation tier)

Teacher's role

Llamas por teléfono a un hotel español.
Yo soy el recepcionista / la recepcionista.

1 Hotel Rosales. ¿Dígame?
2 ¿Qué quiere usted exactamente?
3 Tenemos una en la segunda planta.
4 Son cuatro mil pesetas.
5 De acuerdo.

Candidate's role (2 marks per task)

You telephone a Spanish hotel to book accommodation.
a Say you want to book a room.
b Say you prefer a room with a shower.
c Ask how much it is per night.
d Say you are going to arrive at eight o'clock.

Your teacher will play the part of the receptionist and will speak first.

 E x a m   T i p

Read the instructions carefully!

You must say or ask exactly what's on the card, but remember that it's written in the form of an instruction to you. The words 'say' and 'ask' are not part of the task itself! Think what you would actually say in English before attempting the Spanish!
- Say you want to pay for your room
  means you actually say: 'I want to pay for my room'
- Ask if they accept credit cards
  means you actually say: 'Do you accept credit cards?'

Role-play (Foundation/Higher tier)

Teacher's role

1 Buenas tardes.
2 Tenga, señor / señorita.
3 **!** Sí, sí. ¿A qué hora quiere usted el desayuno. ...¿Por qué?
4 Vale. Pues ¡muy buenas noches!
5 Ningún problema.

Candidate's role (3 marks per task)

You return to your hotel in Spain after spending the evening out and speak to the receptionist.
a Ask for the key to room 24.
b Ask if the lift is working now.
c **!**
d Say you would like to pay the bill in the morning.
Your teacher will play the part of the receptionist and will speak first. The exclamation mark **!** indicates that you will have to respond to something which you have not prepared.

España

¿Qué parte (región) de España conoces?
Conozco la Costa Cantábrica bastante bien.
Es una región con muchas tradiciones históricas.
El turismo será muy importante para su economía.
Participé en el intercambio escolar con Bilbao.
Es una ciudad industrial en la costa del norte.
Han construido un museo muy interesante allí.

Spain

What part (region) of Spain do you know?
I know the Cantabrian coast quite well.
It's a region with many historical traditions.
Tourism will be very important for its economy.
I took part in the school exchange with Bilbao.
It's an industrial town on the north coast.
They've built a very interesting museum there.

El medio ambiente

¿Cómo se está destruyendo el medio ambiente?
Las fábricas echan gases nocivos al aire.
La gente deja mucha basura por todos lados.
Hay demasiada contaminación en los ríos.
¿Cuál es el problema más grave?
Estamos cambiando el clima del mundo.
Hay un agujero en la capa de ozono.

The environment

How is the environment being destroyed?
Factories release toxic gases into the air.
People leave lots of rubbish everywhere.
There's too much pollution in the rivers.
What is the most serious problem?
We're changing the world's climate.
There's a hole in the ozone layer.

El futuro del planeta

¿Cómo podemos proteger el medio ambiente?
Hace falta reducir la contaminación del aire.
Los coches deberían usar gasolina sin plomo.
Tenemos que reciclar más papel y vidrio.
Hay que salvar los bosques y los animales.
Es importante conservar los recursos naturales.
Todos tenemos que ayudar un poco.

The future of the planet

How can we protect the environment?
It's necessary to reduce air pollution.
Cars should use lead-free petrol.
We have to recycle more paper and glass.
We need to save forests and animals.
It's important to conserve natural resources.
We all have to help a little.

Las elecciones

1 After practising this conversation, record it on video just like a press conference. Use paper bags for money bags, and white card for placards. For the final scene, put some black tape on the window of a door to look like a prison cell window.

2 Find a word in each frame of the cartoon that rhymes with one of these words. Arrange them in the order in which they appear in the cartoon strip, then practise pronouncing them in their rhyming pairs.
a *educación*; **b** *montaña*; **c** *deseo*; **d** *minero*; **e** *lectura*; **f** *corrida*.

Exam Practice

1 Soluciones

The unpredictable task in a role-play often contains a problem that needs to be solved. In a discussion about the environment, however, you'll only be able to suggest solutions! Choose the correct verb to complete each of these suggestions, then practise them with a friend by asking what has to be done:

– ¿Qué hay que hacer?   – Hay que ...

... (1) ... la contaminación

... (2) ... las catástrofes

... (3) ... los animales

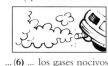

... (4) ... la basura   ... (5) ... los bosques   ... (6) ... los gases nocivos

eliminar   evitar   proteger   reciclar   reducir   salvar

Suggest some alternative solutions of your own and ask your friend whether each one will be possible. For example:

– ¿Será posible bajar el consumo de gasolina, en tu opinión?
– No, creo que será muy difícil.

2 ¿Hacer o no hacer?

One of the most common verbs you will hear in a role-play question is **hacer** (to do). Here are some examples:

1	¿Qué quieres hacer?	(infinitive)
2	¿Qué haces el sábado?	(present tense)
3	¿Qué hiciste en la playa?	(preterite tense)
4	¿Qué vas a hacer mañana?	(near future)
5	¿Qué harás en septiembre?	(future tense)

To answer these questions you will need to mention an activity, so you will probably need a completely different verb in your answer. You will also have to use the correct part of the correct tense! Match these possible answers to the questions above:

a	Tomé el sol.
b	Quiero ir a la bolera.
c	Volveré al instituto.
d	Salgo con mis amigos.
e	Voy a jugar al tenis.

Now make up some more questions using the verb **hacer**, and ask your friend to answer them without using that in the answer!

3 ¿Repetir o no?

The examiner's questions contain very few words that you need for your answers. That is how they are designed, and if the examiner gives you a 'key' word to help you, then you won't gain marks for using it! Be very careful about the verbs the examiner uses - some you can repeat exactly, others you have to change. Look at these two questions. Which of the suggested answers are valid?

1 ¿Qué quieres hacer en la ciudad?
   a Visitar el castillo.
   b Quieres visitar el castillo.
   c Quiero visitar el castillo.

Answer **a** is valid because it fulfils the task, and replaces the verb *hacer* with a suitable infinitive. Answer **b** is **not** valid. Although *visitar el castillo* is correct, the repetition of *quieres* (the 'you'/2nd person singular part of the verb) would be penalised. Answer **c** is valid because *quiero* (the 'I'/1st person singular part of the verb) is correct. You would have to make the same change if the examiner addresses you as *usted*.

2 ¿Qué se puede hacer en la ciudad?
   a Visitar el castillo.
   b Se puede visitar el castillo.

Both answers are valid, because *se puede* doesn't refer to anyone in particular. It can safely be repeated because it is 'impersonal'. You can also use the 'we'/1st person plural and the 'they'/3rd person plural forms of the verb.

Decide whether the verbs in these questions can be repeated or whether they have to be changed.
Practise them with a friend.

1 ¿Cómo te llamas?	5 ¿Qué ponen en el cine?
2 ¿Dónde vives?	6 ¿Adónde vamos por la tarde?
3 ¿Qué se puede hacer en tu pueblo?	7 ¿Cómo se llama usted?
4 ¿Qué haces en el salón?	8 ¿Cómo se escribe su apellido?

Now make up some other similar questions to practise with your friend.

E x a m   T i p

In your own words, please!

It's very important to listen carefully to the examiner's question in the unpredictable task, but you could lose marks by repeating the verb in exactly the form you hear it. Here are some suggestions:

- Change the 'you' part to the 'I' part of the verb
- Keep impersonal verbs as they are, if you want
- Try to use different verbs in place of *hacer*

Role-play (Higher tier)

Teacher's role

1 ¿Qué aspectos de tu visita te han gustado?
2 El medio ambiente no está muy bien aquí, ¿verdad?
3 Y ¿cómo se puede resolver los problemas del medio ambiente?
4 **!** ¿Quieres visitar otra parte de España? ¿Por qué (no)?
5 Pues, muy bien.

Candidate's role (4 marks per task)

You are near the end of a trip to Spain, and are talking to your Spanish friend about your visit and the environment.

a Dos aspectos positivos de tu visita a España
b Dos aspectos negativos del medio ambiente
c Tus dos ideas para resolver los problemas
d **!**

Your teacher will play the part of your Spanish friend and will speak first. The exclamation mark **!** indicates that you will have to respond to something which you have not prepared.

Exam practice (Foundation Tier)

These two pages contain role-play situations at Foundation Tier, taken or adapted from recent AQA(NEAB) papers. They cover a range of topics and include a wide variety of the phrases and language presented in the rest of the book. Before tackling the role-plays you could refer to the sections indicated as they may help you with some of the tasks. Depending on your aim or confidence, you can practise the role-plays in different ways:

1 On your own, without looking up any words or phrases;
2 On your own, checking words and phrases as you go along;
3 With a friend, who can help or prompt you as you do it;
4 With your teacher, as a trial run before your examination.

Exam Tip

Read the instructions carefully!

In order to gain maximum marks you should carry out all four tasks fully and accurately as outlined on the card. You have time to prepare them and may make notes to help you. Take your time and speak clearly.
- There are 2 marks available for each of the four tasks
- The word 'you' on the card means you say 'I' in the role-play
- Use *tú* with 'your Spanish friend', *usted* with other people
- Remember to let your teacher speak between each task

A (Education)

See pages 7, 8 and 9 for help with this role-play.   AQA(NEAB) Full Course 1999

Teacher's role	Candidate's role
Estás hablando con tu amigo español / amiga española. Yo soy tu amigo / amiga.	You are staying with your Spanish friend and talking about school.
1 ¿Qué tal los estudios? 2 ¿Ah, sí? ¿Por qué? 3 ¡Qué suerte! 4 Sí tengo tres clases de inglés por semana. 5 No muy bien. Es muy difícil.	**a** Say you like Spanish. **b** Say your teacher is good. **c** Ask if your friend studies English. **d** Ask if your friend speaks English well. Your teacher will play the part of your Spanish friend and will speak first.

B (Self, family and free time interests)

See pages 6, 26, 27, 28 and 29 for help with this role-play.   AQA(NEAB) Short Course 1999

Teacher's role	Candidate's role
Estás en España. Yo soy tu nuevo amigo / tu nueva amiga.	You are in Spain and meet a new friend.
1 ¡Hola! 2 Me llamo Pepe / Elena. 3 Tengo quince años. ¿Tienes animal en casa? 4 ¿Haces deportes? 5 ¡Qué bien!	**a** Ask his / her name. **b** Ask his / her age. **c** Say you have a dog and a cat. **d** Say you like tennis and basketball. Your teacher will play the part of your Spanish friend and will speak first.

C (Home town, Finding the way)

See pages 6, 42 and 43 for help with this role-play.   AQA(NEAB) Full Course 1998

Teacher's role	Candidate's role
Estás en la oficina de turismo en Valencia. Yo soy el/la recepcionista.	You are in the tourist office in Valencia.
1 Buenos días. ¿Qué desea? 2 Pues, está en la Plaza de la Virgen. 3 No. Está a diez minutos a pie. 4 A las ocho. 5 De nada.	**a** Ask where the cathedral is. **b** Ask if it's far away. **c** Ask when it's open. **d** Say thank you and goodbye. Your teacher will play the part of the receptionist and will speak first.

D (Health)

See pages 18, 19, 20 and 21 for help with this role-play.

AQA(NEAB) Full Course 1998

Teacher's role

Estás en casa de tu amigo español / amiga española.
Yo soy tu amigo / amiga.

1 ¿Qué te pasa?
2 ¿Qué tienes?
3 Ay, ¡qué lástima!
4 Pues sí. Toma. ¿Quieres algo más?
5 De acuerdo. No hay problema.

Candidate's role

You are staying with your Spanish friend.

a Say you don't feel well.
b Say you have a headache.
c Ask if your friend has any aspirins.
d Say you want a glass of water.

Your teacher will play the part of your Spanish friend and will speak first.

E (Career, Future plans)

See pages 7, 56 and 57 for help with this role-play.

AQA(NEAB) Short Course 1998

Teacher's role

Estás hablando con tu amigo español / amiga española.
Yo soy tu tu amigo español / amiga española.

1 ¿Qué planes tienes?
2 ¿Qué quieres hacer?
3 ¿Por qué?
4 Muy bien.
5 Pues yo quiero ser profesor / profesora.

Candidate's role

You are talking to your Spanish friend about what you plan to do next year.

a Say you want to work.
b Say you would like to be a shop assistant.
c Say it's an interesting job.
d Ask what your friend is going to do next year.

Your teacher will play the part of your Spanish friend and will speak first.

F (Accommodation)

See pages 7, 64 and 65 for help with this role-play.

AQA(NEAB) Full Course 1998

Teacher's role

Estás en un hotel en Málaga. Yo soy el/la recepcionista.

1 Buenos días. ¿En qué puedo ayudarle?
2 ¿Para cuánto tiempo?
3 Muy bien. No hay problema.
4 Todas las habitaciones tienen baño.
5 Seis mil pesetas la noche.

Candidate's role

You go into a hotel in Málaga.

a Say you want to book a single room.
b Say you want to stay for two nights.
c Ask if the room has a shower or a bath.
d Ask how much it costs.

Your teacher will play the part of the receptionist and will speak first.

G (Entertainment, Travel)

See pages 7, 34, 35 and 52 for help with this role-play.

AQA(NEAB) Short Course 1998

Teacher's role

Estás hablando con tu amigo español / amiga española.
Yo soy tu amigo español / amiga española.

1 Bueno, ¿qué hacemos esta noche?
2 Buena idea.
3 De acuerdo. ¿A qué hora empieza?
4 ¿Cómo vamos a ir?
5 Muy bien.

Candidate's role

Your Spanish friend is staying with you and you are arranging to go out.

a Ask if your friend wants to go to the cinema.
b Say there's a good film on.
c Say it starts at 8.30.
d Say you need to catch a number 10 bus.

Your teacher will play the part of your Spanish friend and will speak first.

Exam practice (Foundation/Higher Tier)

These two pages contain role-play situations at Foundation/Higher Tier, taken or adapted from recent AQA(NEAB) papers. They include some of the more typical situations you are likely to come across, and show a number of different types of 'unprepared' tasks. Before tackling the role-plays, refer to the sections indicated as they may help you with some of the language. You can practise the role-plays in the following ways:

1 Prepare the candidate's role without using the teacher prompts;
2 Carry out the role-play with a friend in the role of the examiner;
3 Carry out the role-play with your teacher in the role of the examiner;
4 Write out a full version of the role-play and keep it for revision.

A (Daily routine)

See pages 6, 7, 12, 13, and 63 for help with this role-play.   AQA(NEAB) Full Course 1999

Teacher's role	Candidate's role
1 Bienvenido/a. ¿Qué quieres hacer ahora? 2 Por supuesto. 3 Está al final del pasillo. ¿Algo más? 4 ! Bueno, voy a buscar una. ¿Qué quieres hacer esta noche? ... ¿Por qué? 5 Vale. De acuerdo.	You have just arrived to stay with your Spanish friend. a Ask if you can have a shower. b Ask where the bathroom is. c Say that you need a towel. d ! Your teacher will play the part of your Spanish friend and will speak first. The exclamation mark ! indicates that you will have to respond to something which you have not prepared.

B (TV, Cinema, Free time)

See pages 7, 36, 37 and 63 for help with this role-play.   AQA(NEAB) Full Course 1998

Teacher's role	Candidate's role
1 Quisiera ver la televisión esta noche. 2 Me gustan los programas sobre animales. 3 Gracias pero no me interesa mucho. 4 ! Muy bien. Y ¿qué vamos a hacer antes de ir al cine? ... ¿Por qué? 5 De acuerdo.	Your Spanish friend is staying with you and wants to watch television. a Ask what type of programme your friend likes. b Say there is an interesting documentary at 8 o'clock. c Ask if your friend prefers to go to the cinema. d ! Your teacher will play the part of your Spanish friend and will speak first. The exclamation mark ! indicates that you will have to respond to something which you have not prepared.

C (Holidays)

See pages 6, 38, 39, 40, 60, 61, 62 and 63 for help with this role-play.   AQA(NEAB) Full Course 1998

Teacher's role	Candidate's role
1 Me alegro mucho verte otra vez. 2 Fui a las montañas con mis amigos. 3 Había chubascos y algunos claros. 4 ! Di un paseo. Y ¿qué tipo de vacaciones prefieres tú? ... ¿Por qué? 5 ¡Qué interesante!	You are talking to your Spanish friend about your holidays. a Ask where your friend went last year. b Ask what the weather was like. c Ask what your friend did in the evenings. d ! Your teacher will play the part of your Spanish friend and will speak first. The exclamation mark ! indicates that you will have to respond to something which you have not prepared.

D (At the post office)

See pages 6, 7, 48, 49 and 63 for help with this role-play.

AQA(NEAB) Full Course 1999

Teacher's role

1 ¿Qué quieres hacer?
2 De acuerdo.
3 Pues yo tengo un sello que puedes usar.
4 **!** En la esquina de la calle. ¿Qué es la foto en la postal? ...Y ¿para quién es?
5 Ay, ¡qué bien!

Candidate's role

You are staying with your Spanish friend.

a Say you want to send a postcard to England.
b Ask how much a stamp costs.
c Ask where the post box is.
d **!**

Your teacher will play the part of your Spanish friend and will speak first. The exclamation mark **!** indicates that you will have to respond to something which you have not prepared.

E (Work)

See pages 7, 56, 57, 58, 59 and 63 for help with this role-play.

AQA(NEAB) Short Course 1998

Teacher's role

1 ¿Qué planes tienes para julio y agosto?
2 ¿Qué quieres hacer exactamente?
3 ¿Qué experiencia tienes?
4 **!** Muy bien. Y ¿por qué necesitas el dinero?
5 Pues espero que encuentres algo.

Candidate's role

You are talking to your Spanish friend about finding a job in the summer.

a Say you want to earn some money.
b Say you would like to work in a cafe.
c Say you worked as a waiter/waitress last summer.
d **!**

Your teacher will play the part of your Spanish friend and will speak first. The exclamation mark **!** indicates that you will have to respond to something which you have not prepared.

F (Going to the cinema)

See pages 6, 27, 36, 37, 63 and 76 for help with this role-play.

AQA(NEAB) Short Course 1999

Teacher's role

1 ¿En qué puedo ayudarle?
2 Cuatrocientas pesetas.
3 A las cinco.
4 **!** Al lado de la entrada. ¿Cuál es su apellido? ...Y ¿cómo se escribe?
5 Gracias señor/señorita. Adiós.

Candidate's role

While in Spain, you telephone the cinema to book a ticket.

a Ask how much a ticket costs.
b Ask when the film begins.
c Ask where the ticket office is.
d **!**

Your teacher will play the part of the assistant and will speak first. The exclamation mark **!** indicates that you will have to respond to something which you have not prepared.

G (Travel)

See pages 6, 7, 52, 53 and 63 for help with this role-play.

AQA(NEAB) Short Course 1999

Teacher's role

1 ¿Por qué no salimos hoy?
2 Podríamos ir a Toledo.
3 **!** Cuarenta y cinco minutos. ¿Cómo prefieres viajar? ... ¿Por qué?
4 Muy bien.
5 A las nueve.

Candidate's role

You are staying with your Spanish friend. He/she suggests going out for the day.

a Ask where your friend wants to go.
b Ask how long the journey is.
c **!**
d Ask what time you have to leave.

Your teacher will play the part of your Spanish friend and will speak first. The exclamation mark **!** indicates that you will have to respond to something which you have not prepared.

These two pages contain role-play situations at Higher Tier, taken or adapted from recent AQA(NEAB) papers. They frequently include material from more than one topic and it is often possible to see a logical progression though the tasks. Before tackling the role-plays refer to the sections indicated as they may help you with some of the language. You can practise the role-plays in the following ways:

1 Prepare the candidate's role without using the teacher prompts;

2 Carry out the role-play with a friend in the role of the examiner;

3 Carry out the role-play with your teacher in the role of the examiner;

4 Write out a full version of the role-play and keep it for revision.

E x a m   T i p

Give details and be accurate!

The tasks in the Higher Tier role-play are more open-ended and allow you to use your own ideas and vocabulary. You may also have to deal with a problem and negotiate a satisfactory solution. There may be several possibilities, but look out for any 'obstacles' mentioned in the introduction.

- There are 4 marks available for each of the four tasks
- Use the notes given to prepare full, detailed answers
- Be prepared to make simple, sensible suggestions
- Be prepared to justify your opinions with suitable reasons

A (Penfriends)

See pages 26, 27, 30, 31 and 63 for help with this role-play.   AQA(NEAB) Short Course 1999

Teacher's role	Candidate's role
1 ¡Hola! ¿Qué quieres? **2** Y ¿cómo es tu primo/a? **3** ¿Qué hace tu primo/a en sus ratos libres? **4** ! ¿Por qué quiere un amigo español / una amiga española? **5** Bien. Ya veremos.	Your cousin would like a Spanish friend. You telephone your Spanish penfriend to see if he/she can help. **a** La razón por tu llamada **b** Una descripción de la persona (tres detalles) **c** Los pasatiempos de la persona (dos actividades) **d** ! Your teacher will play the part of your Spanish friend and will speak first. The exclamation mark ! indicates that you will have to respond to something which you have not prepared.

B (Visit to Spain)

See pages 6, 30, 31, 60, 61 and 63 for help with this role-play.   AQA(NEAB) Short Course 1999

Teacher's role	Candidate's role
1 ¡Hola! ¿Por qué me llamas? **2** ¡Claro! ¿Cuándo quieres venir exactamente? ... ¿Por qué? **3** ¿Qué quieres hacer durante tu visita? ... ¿Por qué? **4** ! Y ¿qué planes tienes para septiembre? **5** ¡Qué interesante!	You telephone your Spanish friend to ask if you can stay with his / her family in Spain again next summer. **a** Tu razón por la llamada **b** Detalles de la visita – cuándo y por qué **c** Dos actividades durante tu visita **d** ! Your teacher will play the part of your Spanish friend and will speak first. The exclamation mark ! indicates that you will have to respond to something which you have not prepared.

C (Free time)

See pages 7, 30, 31 and 63 for help with this role-play.   AQA(NEAB) Short Course 1999

Teacher's role	Candidate's role
1 ¿Qué planes tienes para esta tarde? **2** Y ¿cómo es la discoteca? **3** ! No estoy seguro/a. ¿Qué dirían tus padres? **4** Lo siento. No es posible. ¿Qué otra actividad te gustaría hacer? ... ¿Por qué? **5** Sí, es una mejor idea.	You are staying with a Spanish friend. You want to go to an all-night disco. You discuss your plans with your friend's mother / father. **a** Tus planes para la tarde **b** Tres detalles de la discoteca **c** ! **d** Otra actividad y tu razón Your teacher will play the part of your friend's parent and will speak first. The exclamation mark ! indicates that you will have to respond to something which you have not prepared.

D (Eating out)

See pages 7, 22, 23, 24, 25, 52, 63 and 76 for help with this role-play.   AQA(NEAB) Full Course 1998

Teacher's role	**Candidate's role**
1 ¿Por qué no vamos al centro a comer un bistec? 2 Pues, ¿dónde te gustaría comer? ... ¿Por qué? 3 Muy bien. Y ¿por qué te gusta el restaurante? 4 ! Vale. ¿Cuándo vamos? ... Y ¿cómo vamos a viajar allí? 5 De acuerdo.	Your Spanish friend is staying with you. You are both keen to go out for a meal, but you do not eat meat. **a** Tu reacción a la sugerencia y tu razón **b** Tu alternativa y tu razón **c** Dos detalles del restaurante **d** ! Your teacher will play the part of your Spanish friend and will speak first. The exclamation mark ! indicates that you will have to respond to something which you have not prepared.

E (Work)

See pages 7, 56, 57, 58, 59, 63 and 76 for help with this role-play.   AQA(NEAB) Short Course 1998

Teacher's role	**Candidate's role**
1 ¡Hola! Soy jefe/a de la cafetería. ¿En qué puedo ayudarle? 2 Muy bien. ¿Qué quiere usted saber? 3 ! Cuatro horas por día, el sábado y el domingo. El salario es mil pesetas por hora. ¿Qué experiencia tiene usted? 4 Y ¿cuándo está usted libre para trabajar aquí? 5 De acuerdo. ¡Bienvenido/a a la cafetería, entonces!	You are in Spain looking for a part-time job. You see an advert for a waiter / waitress in a cafe. You speak to the manager. **a** Tu razón por ir a la cafetería **b** Tus preguntas – horas y dinero **c** ! **d** Tu sugerencia – fechas Your teacher will play the part of the manager and will speak first. The exclamation mark ! indicates that you will have to respond to something which you have not prepared.

F (Lost property)

See pages 47, 50, 51 and 63 for help with this role-play.   AQA(NEAB) Full Course 1999

Teacher's role	**Candidate's role**
1 Buenos días. ¿En qué puedo ayudarle? 2 Bueno, ¿cómo ocurrió? 3 Descríbelo/la por favor. ...Y ¿qué había dentro? 4 ! Gracias. ¿Puede usted volver mañana por la tarde? ... ¿Por qué no? 5 Bueno, entonces me pondré en contacto con usted más tarde.	It is the **last** day of your holiday in Spain. You lose your bag. You go to the police station to report the loss. **a** Tu razón por ir a la comisaria **b** Tu explicación de lo que ocurrió **c** Una descripción del artículo, y el contenido **d** ! Your teacher will play the part of the police officer and will speak first. The exclamation mark ! indicates that you will have to respond to something which you have not prepared.

G (Car problems)

See pages 54, 55, 60 and 63 for help with this role-play.   AQA(NEAB) Full Course 1999

Teacher's role	**Candidate's role**
1 ¿Dígame? ¿Cómo puedo ayudarle? 2 Y ¿cuál es el problema exactamente? 3 ¿Dónde está el coche exactamente? 4 ! Bueno, y ¿qué planes tiene usted para el resto del día? 5 Pues, no se preocupe. El mecánico estará allí dentro de media hora.	You are on holiday in Spain.There is a problem with the car your family has hired. You telephone the hire company to complain. **a** Tu razón por llamar a la oficina **b** Tu explicación del problema (dos detalles) **c** El lugar exacto del coche (dos detalles) **d** ! Your teacher will play the part of the receptionist and will speak first. The exclamation mark ! indicates that you will have to respond to something which you have not prepared.

Answers to the activities and role-plays

Answers given in brackets can be varied. Similar answers would be acceptable and can be checked by your teacher. The answers given for the Higher Tier role-plays and the unpredictable tasks are only suggestions, but are presented as examples that would gain full marks for each task.

p6 Question words: **1** ¿Dónde? **2** ¿Cuál? **3** ¿Cuándo? **4** ¿Cómo? **5** ¿A qué hora? **6** ¿Quién? **7** ¿Qué? **8** ¿Cuánto? **9** ¿Por qué? **10** ¿Adónde?

Questions: **1** c; **2** f; **3** j; **4** e; **5** b; **6** h; **7** i; **8** a; **9** d; **10** g.

p7 Key words: **1** Quiero; **2** Quisiera; (Me gustaría); **3** Vamos; **4** Tengo que; **5** Hice; **6** Hay; **7** Puedo; **8** Me gustan; **9** Prefiero; **10** Están.

Questions: **1** ¿Qué quieres hacer? **2** ¿A cuántos amigos quieres invitar? **3** ¿Qué vais a hacer en la fiesta? **4** ¿Qué tienes que hacer? **5** ¿Cuándo hiciste la compra? **6** ¿Hay bastantes platos y vasos? **7** ¿Dónde puedes preparar la comida? **8** ¿Qué te gusta comer? **9** ¿Qué prefieres comer? **10** ¿Dónde están los discos compactos?

p8 Activity 2: **1** e; **2** a; **3** d; **4** g; **5** c; **6** b; **7** h; **8** f.

p9 Activity 2: **1** b; **2** f; **3** d; **4** c; **5** a; **6** e.

Foundation role-play: **a** Se me dan bien en matemáticas; **b** ¿Te gusta el inglés?; **c** ¿Tienes muchos deberes?; **d** Las clases terminan a las tres.

p10 Activity 2: **a** despacio; **b** ahora; **c** gracias; **d** feo; **e** estricto; **f** estúpidas; **g** largas; **h** terminado.

p11 Activity 1: **1** fue; **2** es; **3** será; **4** porque tenía demasiados deberes; **5** porque tengo que repasar mis exámenes; **6** porque tendré mucho éxito.

Foundation/Higher role-play 1: **a** Llevo cuatro años estudiando el español; **b** Mi asignatura favorita es (el español) porque (es muy divertido); **c** ¿Cuántas clases de inglés tienes por semana?; No se puede (mascar chicle / hablar durante los exámenes).

Higher role-play: **a** No me gusta mucho el uniforme porque el color es horrible; **b** Preferiría llevar (vaqueros azules) y (zapatillas de deporte); **c** Mis profesores piensan que no son muy elegantes o limpios; **d** Voy a ir al centro porque quiero comprar un disco compacto.

p12 Activity 2: **1** f; **2** c; **3** a; **4** e; **5** b; **6** d.

p13 Activity 2: **1** d (a las siete); **2** c (en el cuarto de baño); **3** b (el uniforme); **4** a (al instituto). ¿A qué hora te levantas? ¿Dónde te duchas? ¿Qué te pones? ¿Adónde te vas?

Foundation/Higher role-play: **a** Normalmente me levanto (suelo levantarme) a las siete y cuarto; **b** Preparo el desayuno dos veces por semana; **c** No me gusta (pasar la aspiradora) porque (es aburrido); **d** ¿Haces la cama todos los días?

p15 Activity 1: **1** c; **2** e; **3** f; **4** a; **5** d; **6** b. Times: **1** Nos vemos a las once; **2** Las tiendas se abren a las dos y media; **3** El concierto empieza a las siete y cuarto; **4** El tren sale a las diez menos cuarto; **5** El quiosco se cierra a la una y veinte; **6** El autobús llega a las seis menos cinco.

Activity 2: La rutina: 4, 2, 5, 6/3, 3/6, 1. Un día de vacaciones: 2, 6/3, 3/6, 5, 1, 4.

Foundation/Higher role-play: **a** ¿Puedo llamar a casa?; **b** Ceno a las siete y media; **c** No como el marisco ni las aceitunas; **d** Normalmente hago los deberes (veo la televisión) en mi dormitorio.

Higher role-play: **a** El domingo desayuno cereales, beicon y huevos fritos a las diez; **b** Mi hermano pasa la aspiradora y yo saco la basura; **c** Voy a ir al cine porque ponen una comedia estupenda; **d** Antes quiero ir al centro porque voy a reunirme con mis amigos.

p16 Activity 2: **a** [tick]; **b** [cross]; **c** [question mark]; **d** [cross]; **e** [tick]; **f** [tick]; **g** [cross]; **h** [question mark]

p17 Activity 1: For example: ¿Por qué no jugamos a cartas?; ¡Vamos a escuchar música!; ¿Te gustaría ir a la discoteca?; ¿Te apetece visitar el castillo?; Podríamos ver la televisión; etc.

Activity 2: For example: Dar un paseo en moto sería más emocionante; Hacer una fiesta sería más divertido; Escuchar la radio sería menos caro; etc.

Higher role play: For example: **a** No me gusta la idea porque no me interesa mucho el deporte; **b** ¿Por qué no vamos a la playa?; **c** Iremos en autobús pero vamos a volver en el coche de mi padre; **d** Podremos tomar el sol y nadar en el mar.

p18 Activity 2: **1** d (cansado); **2** a (calor); **3** e (cabeza); **4** f (descansar); **5** b (médico); **6** c (perro).

p19 Activity 1: c, d, b, a, e

Activity 2: **1** d; **2** c; **3** g; **4** a; **5** f; **6** b; **7** e.

Activity 3: **1** Me duele la cabeza; **2** Me duele el brazo; **3** Me duelen los pies; **4** Me duele el estómago; **5** Me duelen los ojos; **6** Me duele la garganta.

Foundation role-play: **a** No me siento muy bien; **b** Me duele el estómago; **c** Tengo fiebre; **d** ¿Puedo llamar al médico?

p20 Activity 2: **a** [cross]; **b** [cross]; **c** [cross]; **d** [question mark]; **e** [question mark]; **f** [tick]; **g** [question mark]; **h** [tick]

p21 Activity 1: **1** c; **2** f; **3** a; **4** h; **5** d; **6** g; **7** b; **8** e.

Activity 2: **1** e; **2** g; **3** b; **4** f; **5** a; **6** d; **7** c.

Activity 3: **1** d; **2** c; **3** f; **4** a; **5** e; **6** b.

Foundation/Higher role-play: **a** Me he caído en la calle; **b** ¿Tiene usted algo para la rodilla hinchada?; **c** ¿Puede usted recomendar unas pastillas?; **d** Mi apellido es (.....) Se escribe (......)

p22 Activity 2: **1** f; **2** e; **3** h; **4** b; **5** c; **6** d; **7** a; **8** g.

p23 Activity 1: **1** C, **2** C, **3** W, **4** C, **5** W, **6** C, **7** W, **8** W, **9** W, **10** W, **11** C, **12** C. The correct order of the phrases is: 5, 11, 7, 2, 6, 3, 12, 8, 10, 4, 1, 9

Foundation role-play: **a** ¿Cuánto es el menú del día?; **b** Quisiera hamburguesa con patatas fritas; **c** Prefiero agua mineral; **d** ¿Tiene usted pastel de chocolate?

Foundation/Higher role-play: **a** De primero quisiera sopa de pollo; **b** Quisiera (tortilla española) porque (es mi plato favorito); **c** Me hace falta un cuchillo y un tenedor; **d** ¿Hay un teléfono en el restaurante?

p24 Activity 2: **1** b; **2** d; **3** c; **4** a; **5** f; **6** e.

p25 Activity 1: Positive comments: **1** e; **2** a; **3** d; **4** b; **5** c. Negative comments: **1** b; **2** d; **3** a; **4** c; **5** e.

Activity 2: **1** b; **2** f; **3** a; **4** e; **5** d; **6** c.

Higher role-play: For example: **a** La sopa estaba muy caliente y la tortilla estaba deliciosa; **b** El pan no estaba fresco y la chuleta estaba demasiado hecha; **c** Prefiero un postre gratis porque me encantan los pasteles; **d** Voy a dar un paseo en el parque del castillo.

p26 Activity 2: **1** f; **2** c; **3** a; **4** b; **5** d; **6** e.

p27 Part 1: **a** I; **b** are; **c** is; **d** I; **e** are called; **f** he/she; **g** I; **h** you; **i** lives; **j** I; **k** you; **l** has.

Part 2: A **1** me llamo; **2** soy; **3** vivo; **4** tengo; **5** tengo. B **1** tiene; **2** es; **3** se llama; **4** es; **5** tiene. C **1** es; **2** se llama; **3** vive; **4** tiene; **5** es.

Foundation role-play: **a** ¡Hola! Me llamo (.....) ; **b** Tengo un hermano y una hermana; **c** ¿Cuántos años tienes? **d** (Mi apellido) se escribe (.....).

p28 Activity 2: **1** c (salgo); **2** d (discoteca); **3** b (tenis); **4** f (instrumento); **5** a (internet); **6** e (dinero). The famous Spanish football team is: Real Madrid.

p29 Activity 1: **1** e; **2** f; **3** a; **4** c; **5** b; **6** d. Extra: **1** c; **2** a; **3** d; **4** b.

Foundation role-play: **a** Juego al tenis con mis amigos; **b** Practico la natación el sábado; ¿Escuchas música?; **d** Toco el piano un poco.

p30 Activity 2: **1** d; **2** f; **3** a; **4** c; **5** e; **6** b.

p31 Activity 1: **1** a; **2** c; **3** b; **4** d; **5** f; **6** e.

Activity 2: **1** un partido de rugby; **2** un programa de televisión; **3** un concierto de pop; **4** un concurso de piano; **5** una toalla de playa; **6** un billete de tren; **7** una parada de autobús; **7** un regalo de cumpleaños; **9** una revista de moda.

Foundation/Higher role-play: **a** Quiero ir a la costa; **b** Prefiero tomar el sol; **c** Quiero ir en coche porque es rápido; **d** Necesito una toalla de playa.

Higher role-play: For example: **a** Normalmente voy a Torremolinos en la Costa del Sol durante los primeros quince días de agosto; **b** Prefiero ir a la playa porque hace mucho sol y bailar en las discotecas porque la música es estupenda; **c** Llevo muchas camisetas y mis pantalones cortos porque son muy de moda, y mi bañador para nadar en el mar; **d** Compro caramelos para mis amigos, una muñeca para mi abuela y artículos de piel para mis primos.

p32 Activity 2: **a** [cross]; **b** [cross]; **c** [question mark]; **d** [tick]; **e** [tick]; **f** [cross]; **g** [tick]; **h** [question mark]

p33 Activity 1: **1** g; **2** d; **3** a; **4** j; **5** b; **6** h; **7** e; **8** i; **9** f; **10** c.

Activity 2: **1** e; **2** b; **3** d; **4** f; **5** a; **6** c.

Activity 3: (First part) **1** d; **2** f; **3** e; **4** a; **5** b; **6** c. (Second part) **1** b; **2** a; **3** c.

Foundation role-play: **a** ¡Buen viaje!; **b** ¿Puedo abrir el regalo?; **c** Mi padre no come chocolate; **d** Muchas gracias. Adiós.

p34 Activity 2: **1** c; **2** a; **3** e; **4** d; **5** f; **6** b.

p35 Activity 2: **1** Gracias por la invitación, pero no como el pescado; **2** Lo siento pero no me gusta mucho bailar; **3** Prefiero ver al medico hoy porque es urgente; **4** No gracias. Es un poco caro. ¿Tiene usted algo más barato?

Activity 3: **1** G; **2** A; **3** D; **4** F; **5** C; **6** H.

Higher role-play: For example: **a** Gracias por la invitación pero no puedo ir. Voy a volver a Inglaterra el sábado; **b** ¿Por qué no vamos al restaurante el viernes porque estoy libre; **c** Nos vemos en la Plaza Mayor enfrente del banco a las ocho y media; **d** Voy a visitar el museo de arte y hacer una excursión en barco.

p36 Activity 2: **1** e; **2** c; **3** f; **4** b; **5** a; **6** d.

p37 Activity 2: **1** mejores; **2** mejor.

Activity 3: **1** mucho; **2** muchos; **3** muchas; **4** mucha; **5** muchos; **6** mucha; **7** mucho; **8** muchas.

Activity 4: **1**, **2**, **3** and **4** mucho.

Higher role-play: For example: **a** Gracias por la invitación pero no me gustan las películas de miedo; **b** Prefiero (las películas policiacas) porque (hay mucha acción); **c** Mi película favorita se llama 'Titanic'. Es la historia de dos jóvenes enamorados en un accidente en el mar. Los actores son muy guapos; **d** Vamos al polideportivo porque me gusta mucho jugar al squash y al fútbol.

p38 Activity 2: **1** d; **2** f; **3** b; **4** c; **5** a; **6** e.

p39 Activity 1 (part 1): **a** vivir; **b** visitar; **c** viajar; **d** ir; **e** salir; **f** jugar.
(part 2): **1** d; **2** e; **3** a; **4** b; **5** f; **6** c.

Activity 2: **1** b; **2** d; **3** f; **4** e; **5** a; **6** c.

Activity 3: Estoy lavando el coche ; Estoy escuchando música; Estoy comiendo un bocadillo; Estoy bebiendo una Coca-cola; Estoy escribiendo una carta; Estoy trabajando en el jardín; Extra: **a** que vive; **b** que comparte; **c** que estudia; **d** que trabaja; **e** que se casa.

Foundation/Higher role-play: **a** Estoy escuchando la música; **b** Me gusta vivir en las afueras; **c** Prefiero (ir a la bolera) porque (es muy divertido); **d** ¿Qué tiempo hace en España?

p40 Activity 2: **1** f; **2** b; **3** a; **4** d; **5** e; **6** c.

p41 Activity 2: **1** c (present continuous); **2** g (present); **3** a (preterite); **4** f (future); **5** h (imperfect); **6** b (pluperfect); **7** e (perfect): **8** d (near/simple future).

Higher role-play: For example: **a** El año pasado fui a la Costa Blanca en España. Hizo mucho sol y calor allí; **b** La región es muy bonita. Tiene unas playas estupendas. Se puede visitar muchos monumentos históricos; **c** Sí me gustaría volver porque la gente es muy amable, el tiempo es fenomenal y hay muchas cosas que hacer; **d** Prefiero la fiesta del Año Nuevo porque me gusta salir a la calle con mis amigos y ver los fuegos artificiales.

p42 Activity 2: **1** f; **2** d; **3** a; **4** e; **5** c; **6** b.

p43 Activity 1: ¿Por dónde se va ... a la piscina / a los teléfonos / a la catedral / al cine / al hospital / a la cafetería / al gimnasio / a las duchas / al parque / a los dormitorios? ¿Por dónde se va ... al centro de la ciudad / a la oficina de turismo / al club para jóvenes / a la estación de autobuses / a los museos de arte / a las salas de juegos?

Activity 2: **a** 6; **b** 3; **c** 1; **d** 7; **e** 2; **f** 5; **g** 8; **h** 4.

Foundation role-play: **a** Hay un banco enfrente de la iglesia; **b** Tome la primera calle a la derecha; **c** Está a trescientos metros; **d** ¿Tiene usted un mapa?

p44 Activity 2: **1** d; **2** b; **3** f; **4** c; **5** a; **6** e.

p45 Activity 2 Extra: **1** b; **2** e; **3** f; **4** c; **5** d; **6** a.

Foundation role-play: **a** Quisiera un litro de leche; **b** ¿Tiene usted peras?; **c** Deme medio kilo; **d** ¿Cuánto es?

Foundation/Higher role-play: **a** Busco un recuerdo para mi familia; **b** ¿Puedo ver algunas toallas?; **c** Sólo tengo dos mil pesetas; **d** For example: No me gusta porque es muy pequeña y demasiado cara.

p46 Activity 2: **1** f (queja); **2** c (escoba); **3** e (recibo); **4** b (dinero); **5** d (vale-regalo); **6** a (alfombra).

p47 Activity 1: Colours: **1** k; **2** a; **3** l; **4** e; **5** b; **6** c; **7** d; **8** j; **9** h; **10** f; **11** g; **12** i. marino = navy; oscuro = dark; claro = light; vivo = bright. Size and shape: **1** b; **2** f; **3** e; **4** h; **5** a; **6** g; **7** d; **8** k; **9** i; **10** l; **11** c; **12** j. Style: **1** e; **2** h; **3** a; **4** b; **5** f; **6** d; **7** j; **8** g; **9** l; **10** i; **11** c; **12** k.

Higher role-play: For example: **a** Compré un cinturón de cuero negro en esta tienda el sábado pasado; **b** Es demasiado corto para mi amigo/a y no le gusta el color; **c** ¿Puede usted reembolsarme el dinero por favor?; **d** Creo que sería un disco compacto de la música de las discotecas porque me gusta mucho bailar en las discotecas españolas.

p48 Activity 2: **1** e (mandar); **2** f (urgente); **3** a (sellos); **4** d (recado); **5** b (buzón); **6** c (espía).

p49 Activity 1: una postal ... de la playa / de los jardines / del castillo / le las montañas. Part 2: una postal ... de la catedral / de las calles / del hotel / de la plaza / del puerto / de los barcos / de las cuevas / de la fiesta / del parque / del río / del mercado / de la costa.

Activity 2: dos sellos de sesenta y cinco ptas, cuatro sellos de cien ptas, un sello de setenta ptas, tres sellos de ochenta y cinco ptas.

Foundation role-play: **a** Quiero mandar una postal a Gran Bretaña; **b** Quisiera un sello de setenta y cinco pesetas; **c** Es una postal del mercado; **d** ¿Hay un teléfono cerca de aquí?

p50 Activity 2: the missing letters, in order, are: a, p, r, a, g, s, a, u. Rearranged, they spell paraguas.

p51 Activity 1: (el paraguas) lo perdí ... ; (la chaqueta) la perdí ... ; (los zapatos) los perdí ...; (las llaves) las perdí ...

Activity 2: **1** c; **2** g; **3** e; **4** a; **5** h; **6** d; **7** b; **8** f.

Higher role-play: For example: **a** Alguien me ha robado la bolsa en la playa esta mañana; **b** Es bastante grande y redonda, de cuero marrón claro, y lleva mi nombre; **c** Contiene una máqina de fotos muy vieja, un monedero con cinco mil pesetas y mi estéreo personal; **d** Era un chico joven, tenía el pelo moreno y llevaba pantalones cortos y una camiseta verde.

p52 Activity 2: There is no particular correct order.

p53 Activity 2: **a** un billete; **b** a Valencia; **c** esta tarde; **d** vuelta; **e** clase; **f** sale; **g** llega; **h** cuesta.

Foundation role-play: **a** ¿Hay un tren para Málaga esta tarde?; **b** ¿Tengo que cambiar?; **c** ¿De qué andén sale el tren?; **d** ¿Dónde está la sala de espera?

p54 Activity 2: **1** d; **2** e; **3** b; **4** a; **5** f; **6** c.

p55 Activity 1: Moments in the accident **a**, **c**, **f**, **g**; descriptions **b**, **d**, **e**, **h**. Meanings of verbs in the preterite tense **i** happened; **j** lost; **k** stopped; **l** turned; **m** knocked down; **n** arrived. Meanings of the verbs in the imperfect tense **o** was wearing; **p** was going; **q** was crossing; **r** there were; **s** was talking; **t** was raining.

Foundation/Higher role-play: **a** Nuestro coche está averiado; **b** No arranca. La batería está descargada; **c** Está a dos kilómetros del centro de la ciudad; **d** ¿Cuándo puede usted mandar a un mecánico?

Higher role-play: For example: **a** El accidente ocurrió enfrente del ayuntamiento a las dos y media; **b** Un coche blanco se saltó el semáforo y chocó con un peatón que cruzaba la calle; **c** El conductor tenía el pelo moreno y una barba. También llevaba un jersey verde y una chaqueta negra; **d** Me llamo (.....) y usted puede ponerse en contacto conmigo en el hotel Girasol, teléfono 56 43 90.

p56 Activity 2: **1** c (dependiente); **2** e (aburrido); **3** b (pesetas); **4** f (planes); **5** d (interesante); **6** a (éxito).

p57 Activity 1: **1** dejar (g); **2** buscar (e); **3** seguir (a); **4** ir (h); **5** trabajar (b); **6** aprender (d); **7** visitar (c); **8** comprar (f).

Activity 2: The order is 2, 5, 9, 15, 7, 12, 3, 8, 13, 10, 11, 4, 1, 14, 6.

Activity 3: **1** iré a la universidad / encontraré un buen trabajo; **2** sacaré un título / ganaré mucho dinero; **3** trabajaré en el extranjero / seré jefe/a; volveré a Gran Bretaña / cambiaré de compañía; **5** escribiré un libro / estudiaré informática.

Foundation role-play: **a** Voy a seguir estudiando; **b** Iré a la universidad; **c** ¿Qué quieres ser?; **d** Espero trabajar en el sector de turismo.

p58 Activity 2: **a** fácil; **b** después; **c** empezar; **d** fenomenal; **e** gracias; **f** todos; **g** trabajar; **h** libre.

p59 Activity 1: **1** h (visitaría); **2** f (usaría); **3** e (trabajaría); **4** g (viajaría); **5** c (pasaría); **6** b (ganaría); **7** a (empezaría); **8** d (sería).

Foundation/Higher role-play: **a** He aprobado ocho asignaturas en total; **b** Me suspendieron en informática; **c** ¿Te gustaría buscar trabajo?; **d** Me gustaría ser (profesor/a porque me gusta tratar con los jóvenes).

Higher role-play: For example: **a** Trabajé en una farmacia y serví a los clientes; **b** Sí, me gustó mucho porque encontré a muchas personas interesantes y aprendí cosas muy útiles; **c** Me gustaría ser representante porque ganaría un salario muy alto y podría viajar mucho; **d** Me gustaría trabajar en Europa porque podría practicar mis idiomas.

p60 Activity 2: **1** c; **2** b; **3** e; **4** f; **5** a; **6** d.

p61 Activity 1: Inglaterra - inglés; Francia - francés; España - español; Alemania - alemán; Portugal - portugués; Italia - italiano.

Foundation role-play: **a** Fui a España con mi familia; **b** La playa es más divertida que el campo; **c** ¿Adónde vas en agosto?; **d** ¡Buenas vacaciones!

p62 Activity 2: **1** b (folleto); **2** e (deporte); **3** a (concierto); **4** d (excursión); **5** f (fiesta); **6** c (vacaciones). The popular holiday season is summer: verano.

p63 Activity 2: **1** d; **2** g; **3** a; **4** e; **5** b; **6** h; **7** c; **8** f.

Activity 3: **1** local area; **2** arranging to go out; **3** in a restaurant; **4** a robbery; **5** plans for rest of day; **6** tourism; **7** lost property; **8** travel; **9** holidays; **10** animals / environment; **11** plans for the future; **12** work.

Higher role-play: For example: **a** Puedes venir el 14 de agosto porque mis abuelos están aquí hasta el 13 de agosto; **b** En mi familia se come a la una y se cena a las siete y media; **c** En mi región se puede ir a la pista de hielo y visitar un castillo muy famoso ; **d** Preferiría relajarme en una isla del Caribe.

p64 Activity 2: **1** d (individual); **2** b (baño); **3** f (noches); **4** a (ascensor); **5** e (doble); **6** c (llave).

p65 Activity 1: For example: **b** Para una persona; **c** Una habitación individual, por favor; **d** Con baño completo, si es posible; **e** Para dos noches; **f** Sólo quiero el desayuno, gracias; **h** No hay teléfono en mi habitación; **i** La ducha no funciona.

Foundation role-play: **a** Quiero reservar una habitación; **b** Prefiero una habitación con ducha; **c** ¿Cuánto es por noche?; **d** Voy a llegar a las ocho.

Foundation/Higher role-play: **a** La llave para la habitación número veinticuatro, por favor; **b** ¿Funciona el ascensor ahora?; **c** Quiero el desayuno a las nueve porque voy a visitar el museo a las diez; **d** Quisiera pagar la cuenta por la mañana.

p66 Activity 2: **1** b (montaña - campaña); **2** f (corrida - vida); **3** c (deseo - empleo); **4** e (lectura - basura); **5** d (minero - dinero); **6** a (educación - oposición).

p67 Activity 1: **1** reducir; **2** evitar; **3** salvar; **4** reciclar; **5** proteger; **6** eliminar.

Activity 2: **1** b; **2** d; **3** a; **4** e; **5** c.

Activity 3: **1** change!; **2** change!; **3** repeat!; **4** change!; **5** repeat!; **6** repeat!; **7** change!; **8** change!

Higher role-play: For example: **a** Los españoles son muy amables y simpáticos, y siempre hace mucho sol y calor aquí; **b** Los coches echan gases nocivos al aire y la gente deja mucha basura por todos lados; **c** Los coches deberían usar gasolina sin plomo y tenemos que reciclar más papel y vidrio; **d** Me gustaría visitar la capital, Madrid, porque quiero ver los monumentos históricos y los museos de arte.

p68 Role-play A: **a** Me gusta el español; **b** Mi profesor/a es bueno/a; **c** ¿Estudias el inglés?; **d** ¿Hablas bien el inglés?

Role-play B: **a** ¿Cómo te llamas?; **b** ¿Cuántos años tienes?; **c** Tengo un perro y un gato; **d** Me gusta el tenis y el baloncesto.

Role-play C: **a** ¿Dónde está la catedral?; **b** ¿Está lejos?; **c** ¿Cuándo se abre?; **d** Muchas gracias. Adiós.

p69 Role-play D: **a** No me siento muy bien; **b** Me duele la cabeza; **c** ¿Tienes aspirinas?; **d** Quiero un vaso de agua.

Role-play E: **a** Quiero trabajar; **b** Quisiera ser dependiente/a; **c** Es un empleo interesante; **d** ¿Qué vas a hacer el año que viene?

Role-play F: **a** Quiero reservar una habitación individual; **b** (Para) dos noches; **c** ¿La habitación tiene ducha o baño?; **d** ¿Cuánto cuesta?

Role-play G: **a** ¿Quieres ir al cine?; **b** Ponen una buena película; **c** Empieza a las ocho y media; **d** Hay que coger el autobús número diez.

p70 Role-play A: **a** ¿Puedo ducharme?; **b** ¿Dónde está el cuarto de baño?; **c** Necesito una toalla; **d** Quiero (ir a la discoteca) porque (me gusta bailar).

Role-play B: **a** ¿Qué tipo de programa te gusta?; **b** Hay un documental interesante a las ocho; **c** ¿Prefieres ir al cine?; **d** Vamos a (ir a las tiendas) porque (quiero comprar un disco compacto).

Role-play C: **a** ¿Adónde fuiste el año pasado?; **b** ¿Qué tiempo hizo?; **c** ¿Qué hiciste por la noche?; **d** Prefiero (ir a la playa) porque (me gusta tomar el sol).

p71 Role-play D: **a** Quiero mandar una postal a Inglaterra; **b** ¿Cuánto cuesta un sello?; **c** ¿Dónde está el buzón?; **d** Es una foto de (la catedral). Es para (mi abuela).

Role-play E: **a** Quiero ganar dinero; **b** Quisiera trabajar en una cafetería; **c** Trabajé de camarero/a el verano pasado; **d** Necesito el dinero porque (quiero comprar un nuevo equipo de música).

Role-play F: **a** ¿Cuánto cuesta una entrada?; **b** ¿Cuándo empieza la película?; **c** ¿Dónde está la taquilla?; **d** Mi apellido es (.....). Se escribe (.....).

Role-play G: **a** ¿Adónde quieres ir?; **b** ¿Cuánto tiempo dura el viaje?; **c** Prefiero viajar (en tren) porque (es cómodo y rápido); **d** ¿A qué hora tenemos que salir?

p72 Role-play A: **a** Mi primo/a quiere un amigo español/ una amiga española. ¿Puedes ayudar?; **b** Es bastante alto/a, tiene el pelo rubio y los ojos azules; **c** Le gusta jugar al tenis, pero prefiere el piragüismo; **d** Porque quiere aprender más español y visitar España el año que viene.

Role-play B: **a** ¡Hola! ¿Puedo quedarme con tu familia otra vez en el verano?; **b** Quiero venir en agosto porque tengo que trabajar en julio; **c** Me gustaría ir a la playa y visitar los monumentos de la ciudad; **d** En septiembre voy a continuar estudiando en el instituto - francés y español ¡claro!

Role-play C: **a** Quiero ir a una discoteca toda la noche; **b** Es muy moderna, la música es estupenda y el ambiente es muy animado; **c** Mis padres estarían muy contentos y dirían que soy una persona responsable; **d** Me gustaría ir al cine porque ponen una película con un actor español muy famoso.

p73 Role-play D: **a** No gracias. Lo siento pero no como carne; **b** Podemos ir a un restaurante francés donde sirven platos vegetarianos; **c** La comida es muy buena y el servicio es rápido; **d** Vamos a las siete y media y podemos ir en autobús.

Role-play E: **a** Hay un anuncio en la ventana y quisiera más información sobre el puesto de camarero/a; **b** ¿Cuántas horas hay que trabajar? Y ¿cuánto dinero se puede ganar?; **c** Trabajé dos semanas en el restaurante de un hotel el año pasado; **d** Puedo empezar el quince de julio y terminar el treinta y uno de agosto.

Role-play F: **a** He perdido mi bolsa; **b** Creo que la dejé en el autobús número diez esta mañana; **c** Es grande y azul. Dentro había mi monedero y unos recuerdos; **d** Lo siento pero no puedo (volver mañana) porque hoy es el último día de mis vacaciones aquí.

Role-play G: **a** Hay un problema con el coche que alquilamos ayer; **b** Las luces no funcionan y la batería está descargada; **c** Está en el aparcamiento del castillo a cinco kilómetros de la ciudad; **d** Vamos a continuar nuestro viaje al norte y tenemos que llegar a Barcelona a las nueve.

Alphabet, numbers and dates

El alfabeto

A a ah	**J j** hota	**R r** er-eh
B b beh	**K k** ka	**S s** ess-eh
C c theh	**L l** el-eh	**T t** teh
D d deh	**M m** em-eh	**U u** oo
E e eh	**N n** en-eh	**V v** oo-veh
F f eff-eh	**Ñ ñ** en-yeh	**W w** oo-veh-dob-leh
G g heh	**O o** oh	**X x** eh-kees
H h atch-eh	**P p** peh	**Y y** ee-gree-eh-ga
I i ee	**Q q** coo	**Z z** theh-ta

Los días de la semana

lunes	Monday
martes	Tuesday
miércoles	Wednesday
jueves	Thursday
viernes	Friday
sábado	Saturday
domingo	Sunday

Los meses del año

enero	January	julio	July
febrero	February	agosto	August
marzo	March	septiembre	September
abril	April	octubre	October
mayo	May	noviembre	November
junio	June	diciembre	December

– ¿Cuándo es tu cumpleaños?
– Mi cumpleaños es el veintiuno de junio.

– ¿Cuándo naciste?
– Nací el uno de enero, mil novecientos ochenta y seis.

– Hoy es martes trece de abril.

¿Cómo se dice?

Pronunciation practice

It is just as important to pronounce the letters and the numbers correctly as to understand them or write them down. Practise saying the letters singly, or spelling whole words for a friend to jot down. Check to see that they are right! If there was a mistake, whose mistake was it - your poor pronunciation or your friend's hearing? Do the same with the numbers as well.

Tricky numbers

Some numbers are hard to distinguish one from the other. Make sure you know which is which in each of these seven small groups of numbers:

1 dos (2), diez (10) doce (12)
2 tres (3) trece (13)
3 cuatro (4), cuarto (a quarter) catorce (14)
4 seis (6) siete (7)
5 cinco (5), quince (15), cincuenta (50) quinientos (500)
6 veinte (20) treinta (30)
7 sesenta (60) setenta (70)

Learn to say them and spell them correctly!

Los números

1	uno	21	veintiuno	200	doscientos
2	dos	22	veintidós	300	trescientos
3	tres	23	veintitrés	400	cuatrocientos
4	cuatro	24	veinticuatro	500	quinientos
5	cinco	25	veinticinco	600	seiscientos
6	seis	26	veintiséis	700	setecientos
7	siete	27	veintisiete	800	ochocientos
8	ocho	28	veintiocho	900	novecientos
9	nueve	29	veintinueve	1000	mil
10	diez	30	treinta		
11	once	31	treinta y uno	1°	primero
12	doce	40	cuarenta	2°	segundo
13	trece	50	cincuenta	3°	tercero
14	catorce	60	sesenta	4°	cuarto
15	quince	70	setenta	5°	quinto
16	dieciséis	80	ochenta	6°	sexto
17	diecisiete	90	noventa	7°	séptimo
18	dieciocho	100	cien / ciento	8°	octavo
19	diecinueve			9°	noveno
20	veinte	0	cero	10°	décimo

E x a m   T i p

Name, age, d.o.b and phone!

Make sure you can spell your name, and give your age, date of birth and telephone number! These four simple tasks are well worth preparing correctly. Check them with your teacher, then learn them carefully making sure you pronounce them really well.

• ¿Cómo se escribe tu nombre? Mi nombre se escribe ...
• ¿Cómo se escribe tu apellido? Mi apellido se escribe ...
• ¿Cuántos años tienes? Tengo ... años.
• ¿Cuándo es tu cumpleaños? Mi cumpleaños es el ... de ...

Pasado, presente, futuro

El pasado	**The past**
ayer	yesterday
anoche	last night
la semana pasada	last week
el fin de semana pasado	last weekend
el mes pasado	last month
el verano pasado	last summer
el año pasado	last year
hace dos años	two years ago
El presente	**The present**
ahora	now
hoy	today
esta mañana	this morning
esta tarde	this afternoon / evening
esta noche	this evening, tonight
en este momento	at the moment
El futuro	**The future**
mañana	tomorrow
dentro de dos días	in two days' time
la semana que viene	next week
el fin de semana próximo	next weekend
el mes que viene	next month
el año que viene	next year

Vocabulary

Spanish–English

A

abanico	fan
abogado/a (m/f)	solicitor
abrir (vb)	to open
aburrido (adj)	boring
acostarse (vb)	to go to bed
afueras (fpl)	outskirts
agotador (adj)	tiring
agradable (adj)	pleasant
aire (m) : al ~ libre	in the open air
ajedrez (m)	chess
ajustado (adj)	tight
algodón (m)	cotton
alto (adj)	high
amable (vb)	nice, kind, pleasant
amarillo (adj)	yellow
ambiente (m)	atmosphere
ambiente: medio (m) ~	environment
amplio (adj)	generous
ancho (adj)	wide
anillo (m)	ring
Año (m) Nuevo	New Year
anoche	last night
antes de	before
apellido (m)	surname
aprender (vb) a	to learn to
aprobar (vb)	pass (an exam)
aproveche: ¡que ~ !	enjoy your meal!
arreglarse (vb)	to tidy oneself up
asco: ¡qué ~ !	how revolting!
aspiradora (f)	vacuum cleaner
atropellar (vb)	to knock down
ayudar (vb)	to help
azúcar (m)	sugar
azul (adj)	blue

B

bailar (vb)	to dance
bajar (vb)	to go down; to reduce
bajo (adj)	short
baloncesto (m)	basketball
bañador (f)	swimming costume
bañarse (vb)	to have a bath; to swim
barato (adj)	cheap
barrio (m)	neighbourhood, district
bastante	fairly; enough
basura (f)	rubbish
batería (f)	the drums; (car) battery
beber (vb)	to drink
biblioteca (f)	library
billete (m)	ticket
bocadillo (m)	sandwich
bolera (f)	bowling alley
bolsa (f)	bag
bombero/a (m/f)	fire fighter
bonito (adj)	nice, pretty
bonobús (m)	book of bus tickets
bosque (m)	forest
bote (m)	jar
bufanda (f)	scarf
buscar (vb)	to look for
buzón (m)	post box

C

caballo (m)	horse
cabeza (f)	head
caer(se) (vb)	to fall
caja (f)	box
calcetines (mpl)	socks
calefacción (f)	heating
caliente (adj)	hot
calle (f)	street
cama (f)	bed
camarero/a (m/f)	waiter / waitress

cambiar (vb)	to change
camión (m)	lorry
camioneta (f)	van
camiseta (f)	T-shirt
campo (m)	countryside
cansado (adj)	tired
cantante (m, f)	singer
cantar (vb)	to sing
caro (adj)	dear, expensive
carta (f)	letter
cartas (fpl): jugar a ~	to play cards
cartelera (f)	entertainment guide
casco (m)	helmet
catarro (m)	a cold
cebolla (f)	onion
cenar (vb)	to have dinner
cerca de	near
cerrar (vb)	to close
chandal (m)	track suit
charlar (vb)	to chat
chocar (vb) con	to crash into
cinturón (m)	belt
ciudad (f)	town, city
claro (adj)	light (colour)
cobrar (vb)	to charge
cocina (f)	kitchen
cocinero/a (m/f)	cook, chef
coger (vb)	to catch
comer (vb)	to eat
comida (f)	food; meal; lunch
cómodo (adj)	comfortable
compartir (vb)	to share
comprar (vb)	to buy
compras: ir de ~	to go shopping
conducir (vb)	to drive
conductor (m)	driver
conocimiento (m)	knowledge
consigna (f)	left luggage office
consulta (f)	surgery
contener (vb)	to contain
contenido (m)	contents
corbata (f)	tie
correo (m) electrónico	e-mail
corrida (f) de toros	bull fight
cortar(se) (vb)	to cut
corte (m)	cut
cortés (adj)	polite
corto (adj)	short
cruce (m)	crossroads
cruzar (vb)	to cross
cuadrado (adj)	square
cuadros: de ~	checked
cuarto (m) de baño	bathroom
cuenta (f)	bill
cuero (m)	leather
cuesta (f)	slope
cueva (f)	cave
¡cuidado!	be careful!

D

daño (m): hacerse ~	to hurt oneself
dar (vb)	to give
debajo de	under
deberes (mpl)	homework
debería (vb)	ought to, should
dedo (m)	finger
dejar (vb)	to let, to allow; to leave
delante de	in front of
delgado (adj)	slim
demasiado	too
dentro de	inside, within
dependiente/a (m/f)	sales assistant
derecha: a la ~	on the right

desagradable (adj)	unpleasant
desayunar (vb)	to have breakfast
descansar (vb)	to rest
descortés (adj)	impolite
descuento (m)	discount
después de	after
detrás de	behind
dibujo (m)	art, drawing
dibujo (m) animado	cartoon
diente (m)	tooth
dinero (m)	money
dirección (f)	address; direction
diseñador/a (m/f)	designer
divertido (adj)	fun, amusing
divertirse (vb)	to have fun
dolor (m)	pain
dormir (vb)	to sleep
dormitorio (m)	bedroom
ducharse (vb)	to have a shower
duele: me ~ ...	... hurts / is sore
dulce (adj)	sweet
duro (adj)	hard

E

eliminar (vb)	eliminate
emocionante (adj)	exciting
empezar (vb)	to start
empleado/a (m/f)	official, assistant
empleo (m)	job
encontrar (vb)	to find
enfermero/a (m/f)	nurse
enfermo (adj)	ill
enfrente de	opposite, facing
entender (vb)	to understand
entrada (f)	entrance; entrance ticket
entre	between
equitación (f)	horse riding
espantoso (adj)	frightening
espectáculo (m)	show
esperar (vb)	to hope
esquina (f)	corner
estampado (adj)	patterned
estilo (m)	style
estrecho (adj)	narrow
estupendo (adj)	great, wonderful
evitar (vb)	to avoid
éxito (m)	success
experiencia (f) laboral	work experience
extranjero (m)	abroad

F

fácil (adj)	easy
fatal (adj)	awful
¡felicidades!	congratulations!
feliz (adj)	happy
feo (adj)	ugly
fiebre (f)	temperature, fever
fiebre (f) del heno	hay fever
filete (m)	steak
flan (m)	caramel custard
folleto (m)	leaflet
fondo: al ~ de	at the back of
forma (f)	shape
frenar (vb)	to brake
fresa (f)	strawberry
frío (m) / (adj)	cold
frutos (m) secos	nuts
funciona: no ~	it doesn't work

G

gafas (fpl) de sol	sunglasses
ganar (vb)	to win; to earn
garganta (f)	throat

gastar (vb) — to spend
globo (m) — balloon
gracioso (adj) — funny, amusing
granjero/a (m/f) — farmer
grave (adj) — serious
gripe (f) — flu, influenza
gris (adj) — grey
grueso (adj) — thick, bulky, heavy
guapo (adj) — good-looking

H

habitación (f) — (hotel) room
hablar (vb) — to speak
hacer (vb) — to do, to make
hacerse (vb) daño (m) — to hurt oneself
hambre (f): tengo ~ — I'm hungry
hierba (f) — grass
hijo/a (m/f) — son / daughter; child
holgado (adj) — loose, baggy
horario (m) — timetable
huevo (m) — egg

I

ida: billete de ~ — single (ticket)
ida y vuelta: billete de ~ — return (ticket)
idioma (m) — language
iglesia (f) — church
informática (f) — ICT
ingeniero/a (m/f) — engineer
insignia (f) — badge
insolación (f) — sunstroke
intoxicación (f) alimenticia — food poisoning
inútil (adj) — useless
invertir (vb) — to invest
invitado (m) — guest
invito: ¡te ~ yo! — it's my treat!
ir (vb) — to go
izquierda: a la ~ — on the left

J

jabón (m) — soap
jamás — ever; never
jarabe (m) — cough mixture
jefe/a (m/f) — boss
jersey (m) — jumper
jóvenes (mpl) — young people
juego (m) — game

L

lado: al ~ de — beside, next to
ladrón (m) — thief
lana (f) — wool
largo (adj) — long
lata (f) — tin
lavar (vb) — to wash
leche (f) — milk
leer (vb) — to read
lejos de — far (away) from
lento (adj) — slow
levantarse (vb) — to get up
libre (adj) — free
libro (m) — book
lila (adj inv) — lilac
liso (adj) — plain
llave (f) — key
llegar (vb) — to arrive
llevar (vb) — to wear
lugar (m) — place
lunares: de ~ — spotted

M

madera (f) — wood
mal — badly
maleta (f) — suitcase
malo (adj) — bad
mañana — tomorrow

mañana: por la ~ — in the morning
mandar (vb) — to send
mano (f) — hand
máquina (f) de fotos — camera
mar (m) — sea
mareado (adj) — sick, dizzy
marino: azul ~ — navy blue
marrón (adj) — brown
más — more
mayor (adj) — older, elder
mediano (adj) — medium
médico (m, f) — doctor
medio (m) ambiente — environment
mejor (adj) — better; best
menor (adj) — younger
menos — less
mercado (m) — market
merendar (vb) — to have a snack, picnic
mesa (f) — table
miedo: película de ~ — horror film
moda: de ~ — fashionable
mojado (adj) — wet
monedero (m) — purse
montañismo (m) — climbing
morado (adj) — purple
moreno (adj) — dark
mucho gusto — pleased to meet you
mundo (m) — world
muñeca (f) — doll

N

nacimiento (m) — birth
nada: de ~ — don't mention it!
nadar (vb) — to swim
naranja (adj inv) — orange
naranjada (f) — orangeade
natación (f) — swimming
navegar (vb) por internet — to surf the internet
Navidad (f) — Christmas
necesitar (vb) — to need
negro (adj) — black
nevar (vb) — to snow
¡ni hablar! — no way!
noche (f) — night
Nochebuena — Christmas Eve
nocivo (adj) — harmful
novio/a (m/f) — boyfriend / girlfriend
nuevo (adj) — new

O

ocurrir (vb) — to happen
odiar (vb) — to hate
oídos (mpl) — ears
ojo (m) — eye
olvidado: se me ha ~ — I've forgotten
ordenador (m) — computer
oro (m) — gold
oscuro (adj) — dark

P

pagar (vb) — to pay
país (m) — country, nation
pañuelo (m) — handkerchief
papel (m) higiénico — toilet paper
papeleo (m) — paperwork
parar(se) (vb) — to stop
parque (m) de atracciones — theme park
partido (m) de fútbol — football match
pasajero (m) — passenger
pasar (vb) — to happen; to overtake; to spend (time)
paseo: dar (vb) un ~ — go for a walk
pastel (m) — cake
patinar (vb) — to skate
patines (mpl) — roller skates
peatón (m) — pedestrian

peinarse (vb) — to comb one's hair
película (f) — film
peligroso (adj) — dangerous
peluquería (m) — hairdresser's
peluquero/a (m/f) — hairdresser
pena: ¡qué ~ ! — what a pity!
pendientes (mpl) — earrings
peor (adj) — worse; worst
pequeño (adj) — small
pera (f) — pear
perder (vb) — to lose
¡perdón! — excuse me!
periódico (m) — newspaper
periodista (m, f) — journalist
pesca: ir de ~ — to go fishing
pescado (m) — fish
picadura (f) — insect bite
pie: a ~ — on foot
piel (f) — leather
pierna (f) — leg
piragüismo (m) — canoeing
piscina (f) — swimming pool
piso (m) — flat, appartment
pista (f) de hielo — ice rink
planta (f) — floor; storey
plata (f) — silver
playa (f) — beach
plaza (f) — square
polideportivo (m) — sports centre
pollo (m) — chicken
poner (vb) — show, put on at cinema
ponerse (vb) — to put on
postal (f) — post card
postre (m) — dessert
prácticas (fpl) laborales — work experience
precio (m) — price
preguntar (vb) — to ask
primo/a (m/f) — cousin
prisa: de ~ — quickly
pronóstico (m) — forecast
proteger (vb) — to protect
pueblo (m) — village, small town
puede: se ~ — you can, one can
puente (m) — bridge
puerto (m) — port, harbour
pulsera (f) — bracelet
puntiagudo (adj) — pointed

Q

quedan: me ~ ... — I have ... left
quedarse (vb) — to stay
quehaceres (mpl) — household chores
quemar (vb) — to burn
queso (m) — cheese

R

ración (f) — portion
raro (adj) — unusual, strange
rayas: de ~ — striped
razón (f) — reason
recado (m) — message
receta (f) — prescription
recibir (vb) — to get, to receive
recibo (m) — receipt
reciclar (vb) — to recycle
recreo (m) — break
recto: todo ~ — straight on
recuerdo (m) — souvenir
recuperar (vb) — to recover, to retrieve
redondo (adj) — round
reducir (vb) — to reduce
regalo (m) — present, gift
regla (f) — rule
regular (adj) — so-so
relajado (adj) — relaxing
reloj (m) — watch

repente: de ~ — suddenly
revés: al ~ — the wrong way round
rico: ¡qué ~ ! — how tasty!
río (m) — river
rodilla (f) — knee
rojo (adj) — red
romper(se) (vb) — to break
ropa (f) — clothing, clothes
rosa (adj inv) — pink
rotonda (f) — roundabout
rubio (adj) — fair, blond
ruedas: patinar (vb) sobre ~ — go roller-skating
ruidoso (adj) — noisy

S

sabor (m) — flavour, taste
sacar (vb) — to take; to get
sal (f) — salt
sala (f) de actos — assembly hall
salas (fpl) de juegos — arcades
salir (vb) — to go out
salón (m) — living room
salsa (f) — sauce, gravy
saltarse (vb) el semáforo — to jump the light
salud (f) — health
salvar (vb) — to save
sed: tengo ~ — I'm thirsty
seda (f) — silk
seguir (vb) — to continue, carry on
sello (m) — stamp
sentarse (vb) — to sit down
servicio (m) — service

servicios (mpl) — toilets
servir (vb) — to help; to serve
siempre — always
siento: lo ~ — I'm sorry
siento: me ~ mejor — I feel better
silla (f) — chair
simpático (adj) — kind, nice, friendly
¡socorro! — help!
subir (vb) — go up
sueño: tengo ~ — I'm sleepy
suerte: tener ~ — to be lucky
suspender (vb) — to fail

T

tamaño (m) — size
taquilla (f) — ticket office
tarde: por la ~ — in the afternoon
telenovela (f) — soap opera
temprano (adj) — early
terminar (vb) — to finish
tiempo (m) — time; weather
tienda (f) — shop
tirita (f) — sticking plaster
título (m) — degree
toalla (f) — towel
tobillo (m) — ankle
tomar (vb) — to take
torcer (vb) — to turn; to twist
torre (f) — tower
tortilla (f) — omelette
tos (f) — cough
trabajador (adj) — hard-working

trabajar (vb) — to work
trabajo (m) — work
traer (vb) — to bring
tranquilo (adj) — quiet
trata: se ~ de ... — it's about ...
tratar (vb) de — to try to
triste (adj) — sad
tuerza (vb) — turn

U

único (adj) — only
útil (adj) — useful

V

vacaciones (fpl) — holiday(s)
valor (m) — value
vaso (m) — glass
venda (f) — bandage
vender (vb) — to sell
venir (vb) — to come
ver (vb) — see; watch
verano (m) — summer
verdad: ¿de ~ ? — really?
verde (adj) — green
vestirse (vb) — to get dressed
viaje (m) — journey
vida (f) nocturna — night life
vivir (vb) — to live
vivo (adj) — bright
volver (vb) — to return
vuelo (m) libre — hang-gliding

English–Spanish

A

about (= approximately) — unos
altogether — en total
am — see page 7
any (some) — algunos
apple — manzana (f)
are — see page 7
arrive — llegar (vb)
as — como
ask (for) — see page 45
aspirins — aspirinas (fpl)
at — a (time); en (place)
away : 300 metres ~ — a 300 metros

B

banana — plátano (m)
bank — banco (m)
basketball — baloncesto (m)
bathroom — cuarto (m) de baño
battery (e.g. for a car) — batería (f)
be — see page 7
beach — playa (f)
because — porque
bed — cama (f)
bedroom — dormitorio (m)
belt — cinturón (m)
best — mejor (adj)
better : it would be ~ — sería mejor
bill — cuenta (f)
biro — boli (m)
biscuits — galletas (fpl)
bite : insect ~ — picadura (f)
book — libro (m)
book (e.g. a room) — reservar (vb)
boring — aburrido (adj)
bottle — botella (f)
break down — averiarse (vb)
breakfast — desayuno (m)
brother — hermano (m)
bus — autobús (m)
buy — comprar (vb)

C

cafe — cafetería (f)
cake — pastel (m)
call — llamar (vb)
can — see page 7
car : by ~ — en coche
cards — cartas (fpl)
carrot — zanahoria (f)
carry on — seguir (vb)
castle — castillo (m)
cat — gato (m)
catch — coger (vb)
CD — disco (m) compacto
change — cambiar (vb)
cheese — queso (m)
chicken — pollo (m)
chips — patatas (fpl) fritas
church — iglesia (f)
cider — sidra (f)
cinema — cine (m)
close — cerrar (vb)
coast — costa (f)
cold — frío (m) / (adj)
competition — concurso (m)
computer — ordenador (m)
concert — concierto (m)
cost : what does it ~ ? — ¿cuánto cuesta?
cough — tos (f)
could : we ~ — podríamos ...
country, countryside — campo (m)
country, nation — país (m)
crisps — patatas (fpl) fritas

D

day — día (m)
dictionary — diccionario (m)
dinner — cena (f)
disco — discoteca (f)
do — see page 7
doctor — médico (m, f)
documentary — documental (m)

doesn't — see page 33
dog — perro (m)
don't — see page 33

E

earn — ganar (vb)
eat — comer (vb)
end, finish — terminar (vb)
England — Inglaterra
English — inglés (adj)
enough — bastante
every — cada (adj inv)
exams — exámenes (mpl)
exciting — divertido (adj)

F

fail — suspender (vb) en
fall — caerse (vb)
fan — abanico (m)
far away — lejos
fashion — moda (f)
favourite — favorito (adj)
feel — sentirse (vb)
feel like : ¿do you ~ ...? — ¿te apetece ...?
find — encontrar (vb)
first — primero (adj)
flat (e.g. battery) — descargado (adj)
flat, appartment — piso (m)
for — para
for ... years — desde hace ... años
fork — tenedor (m)
fun — divertido (adj)

G

get up — levantarse (vb)
glass (e.g. for drink) — vaso (m)
go — see pages 7 and 29
good — bueno (adj)
good at ...: I'm ~ — se me dan bien en ...
grapes — uvas (fpl)
Great Britain — Gran Bretaña

Vocabulary

H

half a kilo — medio kilo
half past — ... y media
ham — jamón (m)
hamburger — hamburguesa (f)
happy holidays! — ¡buenas vacaciones!
hardworking — trabajador (adj)
has — see page 7
have — see page 7
have a shower — ducharse (vb)
have fun — divertirse (vb)
have to — tener (vb) que ...
headache : I have a ~ — me duele la cabeza
home — casa (f)
homework — deberes (mpl)
hope — esperar (vb)
housework — quehaceres (mpl)
hurts — me duele(n) ...

I

ice-cream — helado (m)
ICT — informática (f)
insect bite — picadura (f)
interesting — interesante (adj)
is — see page 7

J

jam — mermelada (f)
job — trabajo (m); empleo (m)
journey — viaje (m)
journey : have a good ~ ! — ¡buen viaje!
juice : tomato ~ — zumo (m) de tomate

K

keen : I'm not ~ on ... — no me interesa(n) ...
key — llave (f)
knee — rodilla (f)
knife — cuchillo (m)

L

last (e.g. year) — el (año) pasado
learn — aprender (vb)
leave — salir (vb); dejar (vb)
lemonade — limonada (f)
lessons — clases (fpl)
let — dejar (vb)
let's ... — vamos a ... (+infinitive)
lift — ascensor (m)
like — gustar (vb)
like, as — como
listen to — escuchar (vb)
little : a ~ — un poco
live — vivir (vb)
look for — see page 45
lots of — mucho (adj)

M

magazine — revista (f)
make — hacer (vb)
map — mapa (m)
market — mercado (m)
married : get ~ — casarse (vb)
match — partido (m)
maths — matemáticas (fpl)
mechanic — mecánico/a (m/f)
meet — encontrar (vb)
meet: shall we ~? — ¿nos vemos?
menu of the day — menú (m) del día
milk — leche (f)
mineral water — agua (f) mineral
money — dinero (m)
month — mes (m)
more — más
morning : in the ~ — por la mañana
music — música (f)
my — mi / mis

N

name — nombre (m)
near here — cerca de aquí
need : I ~ — me hace falta
never — see page 33
next — próximo (adj)
night — noche (f)
now — ahora
number — número (m)

O

o'clock : at ... ~ — a las ...
of — de
old : how ~ are you? — ¿cuántos años tienes?
olive — aceituna (f)
on — en
on : there's a film ~ — ponen una película
once a week — una vez a la semana
onion — cebolla (f)
only — sólo
open — abrir (vb)
open (= not closed) — abierto (adj)
opposite — enfrente de
orange — naranja (f)
orangeade — naranjada (f)

P

pass — aprobar (vb)
past : half ~ — ... y media
pay — pagar (vb)
peach — melocotón (m)
pear — pera (f)
per week — por semana
phone — llamar (vb)
pineapple — piña (f)
platform — andén (m)
play — see page 29
post box — buzón (m)
postcard — postal (f)
prawns — gambas (fpl)
prefer — preferir (vb)
prepare — preparar (vb)
present, gift — regalo (m)
programme — programa (m)
put on — ponerse (vb)

Q

quarter past ... — ... y cuarto

R

restaurant — restaurante (m)
revise — repasar (vb)
rice — arroz (m)
room — habitación (f)

S

sardine — sardina (m)
school — instituto (m), colegio (m)
seafood — marisco (m)
see — ver (vb)
seldom — pocas veces
send — mandar (vb)
share — compartir (vb)
shop — tienda (f)
shower — ducha (f)
shower : have a ~ — ducharse (vb)
single (e.g. room) — individual (adj)
sister — hermana (f)
something — algo
soup — sopa (f)
souvenir — recuerdo (m)
Spanish — español (adj)
speak — hablar (vb)
spell : you ~ it ... — se escribe ...
sport — deporte (m)
stamp — sello (m)

start, begin — empezar (vb)
start (of a car) — arrancar (vb)
starters : for ~ — de primero
stay — quedarse (vb)
stomach — estómago (m)
stop (e.g. for a bus) — parada (f)
strawberry — fresa (f)
street — calle (f)
study — estudiar (vb)
subject — asignatura (f)
suburbs — afueras (fpl)
success — éxito (m)
summer — verano (m)
sun glasses — gafas (f) de sol
sunbathe — tomar (vb) el sol
surname — apellido (m)
sweets — dulces (mpl)
swollen — hinchado (adj)

T

tablets — pastillas (fpl)
take — tomar (vb)
teacher — profesor/a (m/f)
temperature — fiebre (f)
than — que
there is / there are — hay
this afternoon — esta tarde
ticket — billete (m)
tired — cansado (adj)
tiring — agotador (adj)
to — a
to (train destination) — para
too much — demasiado (adj)
toothpaste — pasta (f) de dientes
tourist industry — sector (m) de turismo
towel — toalla (f)
town — ciudad (f)
train — tren (m)
travel — viajar (vb)
T-shirt — camiseta (f)

U

uniform — uniforme (m)
university — universidad (f)
use — usar (vb)
usually — normalmente

V

very — muy
visit — visitar (vb)

W

waiter / waitress — camarero/a (m/f)
waiting room — sala (f) de espera
want — see page 7
watch — ver (vb)
water — agua (f)
weather — tiempo (m)
week — semana (f)
well — bien
wine : red ~ — vino (m) tinto
with — con
work — trabajar (vb)
work — trabajo (m)
work, function — funcionar (vb)
would — see page 59
year — año (m)
you — see pages 13 and 21
young people — jóvenes (mpl)